紫微斗數全書【當代校勘版】

# 初學紫微斗數先看這一本

跟著希夷先生學紫微斗數

宋陳希夷——原著
了然山人——校勘

## 增訂版序

時光飛逝，轉瞬間這本書自 2014 年初版上市迄今已八年多了，這段時間承蒙諸位先進的不吝賜教與指正，故經歷了多次的校訂更正，每一次的改版都希望能讓這內容更加貼近 希夷祖師的原意。

山人常說，如果你沒看過紫微斗數創術人 希夷先生有關紫微斗數的著作，不管是這本『紫微斗數全書』或是『十八飛星策天紫微斗數全集』，你怎知道你學的是不是正統的紫微斗數呢？在網路發達，凡事講究速成的現代科技社會，google 大神確實能夠讓你搜尋到許多需要的資料，但你如何確認你所獲得的資訊是正確的呢？真正的學問在書上而不是網路上那種片段且充滿個人偏見的謬論，不是嗎？

『正本清源』是相當重要的事情，因為唯有把源頭釐清，才能夠完全理解這門學術的本質與底蘊，期待本書的全新改版，能讓所有斗數愛好者，能從源頭處了解紫微斗數的原始面貌，不在被許許多多的荒謬理論或個人讀書心得給誤導，是山人一直努力的目標。再次感謝各位長期的鼓勵。

了然山人

西元 2022 年 3 月 15 日

## 寫在書前

斗數流派眾多，各有所長及獨到見解。雖百家爭鳴，熱鬧非凡，對於此門古老術數的傳承而言，未嘗不是件好事。但後學認為，正本必須先清源。導致諸多爭議之源頭，便是因為目前普遍流傳之紫微斗數古籍錯字倒裝處相當多，其賦文內容也相當嗷舌饒口，以致吾等後學者於難以研讀。究其因，乃係出在原籍長久收藏，以致文字難以辨識，加上後續印行排版問題，以至於爭議相當多。加上各派宗師均有其獨特見解所致。惟截至目前為止，還沒有任何人能夠跳脫陳希夷道長所設定的原始斗數基本框架中。長久如是，諸多爭議懸而未解，則恐此術終將淹沒於歷史洪流之中。

有鑑於此，後學早在初習此術之時，便萌生校勘之念頭，惜因本身學藝未精，常感無力，故此計畫束之高閣久矣。直至甲午年初某日，於自宅內霎時念起此擱置已久之計畫時，萬里晴空，天邊山際卻出現一道七彩虹光，久未消散。故後學再度拾起古籍，著手進行校勘作業。由於可參酌文獻極少，往往必須以理校的手法進行。對於學養不足的後學而言，過程相當艱辛。唯每當遇到難解困惑之時，心中耳邊總有念頭生起，循此聲而行，困難處往往迎刃而解。故後學常與同道好友談及校勘過程之時，常感執筆者實另有他人，吾僅代為捉刀罷了。

此書校勘版本係以明朝羅洪先狀元訪道華山時，自希夷道長第十八代後人處所取得之紫微斗數全書為主體，針對原籍語焉不詳處，參酌擷取部份清朝木刻版合併十八飛星紫微斗數全集內容，校勘修輯而成。此書古籍共有四卷，為保留原味，故本書格式與編排方式均與原古籍版本相同。另原籍卷四之命圖，其中某一星盤漏列出生日期，鑑於卷四星盤排列錯漏處頗多，若無法重排謄寫正確之星群組合，斷之恐有差誤，故以鄭森（成功）之命替代之。

晚進才疏學淺，思慮學養必有未臻周全之處，深切期盼命理界先進能不吝予以指正賜教，共同將此書校勘成最符合　希夷先生原意之善本，為傳承此術而努力。

後學　了然山人

甲午年秋七月吉日於士林自宅

註：原籍卷四之古今富貴貧賤夭壽命圖之命批，有關壽元之論述，僅供研究古先賢者之論斷技巧，切莫過度迷執於此，斷章取義，則造業不淺矣，學者當慎思之。學者當慎之。

# 紫微斗數全書

嘗聞命之理微，鮮有知其真而順受之者。余謂功名富貴，有命存焉。遂捐厥職，訪道學者，以為之宗。行抵華山下詢知 希夷公曾得道於茲矣。遂陟其巔，謁其祠。將返時見一道者，年約弱冠，態度老成，遂進禮之。承出書示予，予問之曰：乃希夷公紫微斗數集也。始觀排列星辰，猶不省其奧窔。既讀其論，論則有道理；玩其斷，斷則有神驗。即以賤降試之，果毫髮不爽。於是謂然嘆曰：造化至玄而闡明之，若對鑑焉；非心涵造化者能之乎？星辰至遠而指視之，非胸藏星斗者能之乎？天位乎於上，地位乎於下，而人則藐然於中也。先生則以天合之人，人合之天，集星辰之變化，而知人命之休咎是非，若非學貫天人而一者，又孰能之乎？猊歟休哉，先生真高人也，神人也，不然胡為乎？而有是高志又胡為乎？而是有神數也。予乃捧持之，遍示天下俾世之人，知有命而順受之，可也？若此乃祖作之，而子秘之，則繼述之道安在哉？請志予言，以并是書之首。承希夷公一十八代諱道號了然，年方二十有六時。

嘉靖庚戌春三月既望之吉賜進士及第吉水　羅洪先撰

# 目錄

# 新鐫希夷陳先生紫微斗數全書

## 卷一

太微賦
斗數準繩
增補太微賦
女命骨髓賦註解
看命五論
十二宮諸星得地合格訣
十二宮諸星失陷貧賤論

形性賦
斗數發微論
諸星問答論
太微賦註解
定命七論
十二宮諸星失陷破格訣
定富貴貧賤及雜局

星垣論
斗數彀率
斗數骨髓賦註解
格局七論
定富貴貧賤十等論
十二宮諸星得地富貴論

江西 **負子子 潘希尹** 補輯
閩關西後裔 **楊一宇** 忝閱
台灣士林 後學 **了然山人** 校勘

# 太微賦

斗數至玄至微，理旨難明。雖設問於百篇之中，猶有言而未盡。至如星之分野，各有所屬。壽夭賢愚，富貴貧賤，不可一概論議。其星分佈一十二垣，數定乎三十六位，入廟為奇，失數為虛。大抵以身命為福德之本，加以根源其窮通之資。星有同纏，數有分定，須明其生剋之要，必詳乎得垣失度之分。觀乎紫微星曜，司一天儀之象，卒列宿而成垣。諸星苟居其垣，若可動移。武曲專司財庫，最怕空亡。帝居動則列宿奔馳。祿守空而財源不聚；各司其職，不可參差。苟或不察其機，更忘其變，則數之造化遠矣。

**例曰**：祿逢沖破，吉處藏凶；馬遇空亡，終身奔走。生逢敗地，發也虛花；絕處逢生，花而不敗。星臨廟旺，再觀生剋之機；命生強宮，細察制化之理。日月最嫌反背，祿馬最喜交馳。倘居空亡，得失最為要緊；若逢敗地，扶持大有奇功。紫微天府全依輔弼之功，七殺破軍專依羊鈴之虐。諸星吉，逢凶也吉；諸星凶，逢吉也凶。輔弼夾帝為上品，桃花犯主為至淫。君臣慶會，才擅經邦；魁鉞同行，位居台輔。祿文拱命，貴而且賢；日月夾財，不權則富。馬頭帶箭，鎮衛邊疆；刑囚夾印，刑杖惟司。善蔭朝綱，仁慈之長；貴入貴鄉，逢者富貴；財居財位，遇者富奢。太陽居午，謂之日麗中天，有專權之貴，敵國之富。太陰居子，號曰水澄桂萼，得清要之職，忠諫之材。紫微輔弼同宮，一呼百諾居上品；文耗居寅卯，謂之眾水朝東。日月守不如照合，蔭福聚不怕凶危。貪居亥子，名為泛水桃花；忌遇貪狼，號曰風流綵杖。七殺廉貞同位，路上埋屍；破軍文曲同入水鄉，水中作塚。祿居奴僕縱有官也奔馳，帝遇凶徒雖獲吉而無道；帝坐金車則曰金轝捧櫛，福安文曜謂之玉袖天香。太陽會文昌於官祿，皇殿朝班，富貴全美；太陰會文曲於妻宮，蟾宮折桂，文章令聞。祿存守於田財，堆金積玉；財印坐於遷移，巨商高賈。耗居祿位，沿途乞食；貪會旺宮，終身鼠竊。殺居絕地，天年夭似顏回；貪坐生鄉，壽考永如彭祖。忌暗同居身命疾厄，沉困尫羸，凶星會於父母遷移，刑傷產室；刑煞同廉貞於官祿，架扭難逃，官符加刑煞於遷移，離鄉遭配。善福於空位，天竺生涯；輔弼單守命宮，離宗庶出。七殺臨於身命加惡煞，必定死亡。鈴羊合於命宮遇白虎，須當刑戮。官符吉曜及流煞，怕逢破軍。羊陀憑太歲以引行，病符官符皆作禍。奏書博士與流祿，盡作吉祥；力士將軍同青龍，顯其權勢。童子限如水上泡漚，老人限似風中燃燭。遇煞無制乃流年最忌，人生榮辱，限元必有休咎；處世孤貧，命限逢乎駁雜，學至此誠玄微矣。

## 形性賦

原夫紫微帝座，生為厚重之容。天府尊星，當主純合之體。金烏圓滿，玉兔清奇。天機為不長不短之姿，情懷好善。武曲乃至剛至毅之操，心性果決。天同肥滿，目秀清奇。廉貞眉寬口闊而面橫，為人性暴，好忿好爭。貪狼為善惡之星，入廟必應長聳。出垣必定頑嚚。巨門乃是非之曜，在廟敦厚溫良。天相精神，相貌持重。天梁穩重，玉潔冰清。七殺如子路，暴虎馮河；火鈴似豫讓，吞碳裝啞。暴虎馮河兮，目太凶；吞碳裝啞兮，暗狼聲沉。俊雅文昌，眉清目秀；磊落文曲，口舌便佞，在廟定生異痣，失陷必有斑痕。左輔右弼溫良規模，端莊高士。天魁天鉞具足威儀，會合三台，則十全模範。擎羊陀羅，形貌醜陋，有矯詐體態。破軍不仁，背重眉寬，行坐腰斜，奸詐奸行，驚險性貌。如春和藹，乃是祿存。星論廟旺，最怕空亡。殺落空亡，竟無威力。權祿乃九竅之奇，耗劫散平生之福。祿逢梁蔭，抱私財益與他人。耗遇貪狼，逞淫情于井底。貪狼入馬垣，易善易惡；惡曜併同善曜，稟性不常。財居空亡，巳三覽四；文曲旺宮，聞一知十。暗合廉貞，為貪濫之曹使。身命失數，實奸盜之技兒，豬屠之流。善祿定是奇高之藝，細巧伶俐之人。男居生旺，最要得地；女居死絕，專看福德。命最嫌立於敗位，財祿更怕逢空亡。機刑殺蔭孤星見，論嗣續之官；加惡星忌耗，不為奇特。陀耗囚之曜，守父母之位，決然破祖刑傷兼之。童格宜相根基。紫微肥滿，天府精神，祿存入命，也應厚重。日月曲相，同梁機昌，皆為美俊之姿，乃是清奇之格，上長下短，目秀眉清。貪狼同武曲，形小聲高而量大。天同加陀忌，肥滿而目渺，擎羊身體遭傷，若遇火鈴巨暗，必生異痣。又値耗殺，定主形醜貌陋。若居死絕之限，童子乳哺，徒勞其力，老者亦然壽終。此數中之綱領，乃為星緯之機關，玩味專精，以忝玄妙。限有高低，星尋喜怒。假如運限駁雜，終有浮沉；如逢煞忌，更要推詳，倘遇空亡，必須細察。精研于此，不患不神。

## 星垣論

紫微帝座，以輔弼為佐貳，作數中之主星，乃有用之源流。是以南北二斗集而成數，為萬物之靈。蓋以水淘溶，則陰陽既濟，水盛陽傷，火盛陰滅，二者不可偏廢，故得其中者，斯為美矣。

寅乃木之垣，乃三陽交泰之時，草木萌芽之所。至於卯位，其木至旺矣。貪狼天機是廟樂，故得天相水到寅謂之旺相，巨門土得卯為之疏通，木乃土栽培，加以水之交灌，三方更得文曲水木、破軍水相會尤妙。又加祿存土，極美矣。巨門水到丑，天梁土到未，陀羅金到於四墓之所，若得擎羊金相會，以土為金墓，則金通不為疑。加以天府土、天同金以生之，是為金趁土肥，順其德以生成。

巳午乃火位，未為火絕之地，更午垣之火，餘氣流於未，水則倒流，火氣逆燄，必歸於巳。午屬火德，能生於巳絕之土，所以廉貞火土居焉。至如午火旺照離明，洞鑒表裏。而文曲水木入廟，若會紫府，則魁星拱斗，加以天機木、貪狼水木，謂之變景，愈加奇特。申酉屬金，乃西方太白之氣，武居申而好生，擎羊在酉而用，此煞加以祿存土、陀羅金而攻之，故為逆行，逢善化惡，是為妙用。亥水屬文曲破軍之要地，乃文明清高之士，萬里派源之潔，如大川之澤，不為焦枯。居於亥位，將入天河，是為妙。破軍水於子旺之鄉，如巨海之浪、澎湃洶湧，可遠觀而不可以近倚。若四墓之剋，破軍是以居焉，充其瀰漫，必得武曲之金，使其源流不絕，方為妙矣。其餘諸星以身命推之，無施不可，至玄至妙者矣。

## 斗數準繩

命居生旺定富貴，各有所宜。身坐空亡論榮枯，專求其要。紫微帝座無輔弼，不能施功。天府令星在南地，必能為福。天機七殺同宮，也善三分。太陰火鈴同位，反成十惡。貪狼為善宿，入廟不凶。巨門為惡曜，得垣尤美。諸凶在緊要之鄉，最宜受制。若在身命之位，卻怕孤單。若見煞星，倒限最凶，福蔭臨之，庶幾可解。大抵在人之機變，更加作意之推詳。辨生剋制化以定窮通，看好惡正偏以言禍福。官星居於福地，近貴榮財。福星居於官宮，卻成無用。身命得星為要，限度遇吉為榮。若言子息有無，專在擎羊耗殺，逢之則害，妻妾亦然。身宮逢凶，必帶破相；疾厄逢忌，定有尪羸。須言定數以求玄，更在星曜之相合，總為綱領，用作準繩。

# 斗數發微論

白玉蟾先生曰：觀天斗數與五星不同，按此星辰與諸術大異。四正吉星定為貴，三方煞拱少為奇；對照兮詳兇詳吉，合照兮觀賤觀榮。吉星入垣則為吉，凶星失地則為凶。命逢紫微，非特壽而且榮；身遇煞星，不但貧而且賤。左右會於紫府，極品之尊；科權陷於凶鄉，功名蹭蹬。行限逢乎弱地，未必為災；立命在強宮，必能降福。羊陀七殺，限運莫逢，逢之定有刑傷（劫空傷使在內合斷）；天哭喪門，流年莫遇，遇之實防破害。南斗主限必生男，北斗加臨先得女。科星居於陷地，燈火辛勤；昌曲在弱鄉，林泉冷淡。奸謀頻設，紫微愧遇破軍；淫奔大行，紅鸞差逢貪宿。命身相剋，則心亂而不閑；玄媼三宮，則邪淫而耽酒。煞臨三位，定然妻子不和；巨到二宮，必是兄弟無義。刑煞守子宮，子難奉老；諸凶照財帛，聚散無常。

羊陀疾厄，眼目昏盲；火鈴到遷移，長途寂莫。尊星列賤位，主人多勞；惡星應命宮，奴僕有助。官祿遇紫府，富而且貴；田宅遇破軍，先破後成。福德遇空劫，奔走無力；父母加刑煞，刑剋難免。後學者執此推詳，萬無一失。

## 斗數彀率

前後兩凶神，為兩鄰加侮，尚可撐持。同室與謀，最難提防。鈴火焚天馬，陀羊逐祿存；劫空傷使無常，權祿行藏靡定。君子哉魁鉞，小人哉羊鈴。凶不皆凶，吉無純吉。主強賓弱，可保無虞。主弱賓強，凶危立見。主賓得失兩相宜。運限命身當互見，身命最嫌羊陀七殺，遇之未免為凶。二限甚忌貪破巨廉，逢之定然作禍。命遇魁昌當得貴，限逢紫府定財多。觀女人之命，先觀夫子二宮。若值煞星，定三嫁而心不足。或逢羊刃，雖啼哭而淚不乾。若觀男命，始以福財為主，再審遷移何如？二限相因，吉凶同斷。限逢吉曜，平生動用和諧。命坐凶鄉，一世求謀齟齬。廉祿臨身，女得純陰貞潔之德，同梁守命，男得純陽中正之心。君子命中，亦有羊陀火鈴。小人命內，豈無科祿權星。要看得垣失垣，專論入廟失廟。若論小兒，詳推童限。小兒命坐凶鄉，三五歲必然夭折。更有限逢惡煞，五七歲必主災亡。文昌文曲天魁秀，不讀詩書也可人。多學少成，只為擎羊逢劫煞。為人好訟，蓋因太歲遇官符。命之理微，熟察星辰之變化。數之理遠，細詳格局之興衰。北極加凶殺，為道為僧。羊陀遇惡星，為奴為僕。如武破廉貪，固深謀而貴顯。加羊陀空劫，反小志以孤寒。限輔星旺，限雖弱而不弱。命臨吉地，命雖凶而不凶。斷橋截路，大小難行。卯酉二宮遇吉曜，聰明發福。命限遇紫府，疊積金銀。二限逢劫空，衣食不足，謀而不遂。命限遇擎羊。東作西成。命身逢府相科權祿拱，定為扳桂之高人。空劫羊鈴，作九流之術士。情懷舒暢，昌曲命身。詭詐浮虛，羊陀陷地。天機天梁擎羊會，早有刑而晚見孤。貪狼武曲廉貞逢，少受貧而後享福。此皆斗數之奧妙，學者宜熟思之。

# 增補太微賦

諸星吉多，逢凶也吉；諸星惡多，逢吉也凶。星分曜度，數分定局。重在看星得垣受制，方可論人禍福窮通，大抵以身命為禍福之柄，以根源為窮通之機。紫微在命，輔弼同垣，其貴必矣。財印夾命，日月夾財，其富何疑？蔭福臨不怕凶沖，日月守不如合照。貪狼居子，乃為泛水桃花；天刑逢貪，必主風流刑杖。紫微坐命庫，則曰金轝捧櫛輦；臨官安文曜，號為衣錦惹天香。太陰合文曲於妻宮，翰林清異；太陽會文昌於官祿，金殿傳臚。祿合守田財，為爛穀堆金；財蔭居遷移，為高商豪客。耗居敗地，沿途丐求；貪會旺宮，終身鼠竊。殺居絕地，生辰三十二之顏回；日在旺宮，可學八百年之彭祖。巨暗同煞於身命疾厄，羸瘦其軀；凶星交會於身宮及遷移，傷刑其面。大耗會廉貞於官祿，架杻囚徒；官符會刑殺於遷移，離鄉遠配。七殺臨於陷地，煞忌逢之，流年必見死亡；破軍，火鈴嫌逢太歲。奏書博士與流祿，以斷乎吉祥；力士將軍與青龍，以顯其威福。童子限弱，水上浮泡；老人限衰，風中燃燭。遇煞必驚，流年最緊。人生發達，限元最怕浮沉；一世迍邅，命限逢乎駁雜。論而至此，允矣玄微。

## 諸星問答論

**問**：紫微所主若何？

**答曰**：紫微屬土，乃中天星之尊星，為帝座，主掌造化樞機，人生主宰，仗五行育萬物，人命為之立定數而安星曜，各根所司，處斗數內，職掌爵祿，諸宮降福，能消百惡。須看三台，蓋紫微守命是中台，前一位是上台，後一位是下台，俱看在廟旺之鄉否？有何吉凶守照，如廟旺化吉甚妙，陷又化凶甚凶，吉限不為美，凶限則凶也。人之身命，若值紫微同宮，日月三合相照，貴不可言。無輔弼同行，則為孤君，雖美亦不足，更與諸煞同宮或諸吉合照，則君子在野，小人在位，主人奸詐假善，平生積惡。與囚同居，無左右相佐，定為胥吏，如落疾厄、兄弟、奴僕、身宮又落陷，主人勞碌，作事無成，雖得助亦不為福。更宜詳何宮度，應究星纏之論；若居身命官祿三宮，最要左右守衛。天相祿馬交馳，不落空亡，更坐生鄉，可為貴論。如魁鉞三合，又會吉星，則謂三台八座也。帝逢昌曲拱照，又得美限扶，必文官之選。帝降七殺為權，有吉同位，則帝相有氣，諸吉咸集，作武官之職。財帛田宅有左右守衛，又與武曲同度、不見惡星，必為財賦之官。更與祿存同宮，身命中尤為奇特。子女宮得詳；如佐吉星，主生貴子；若獨守無相佐，則子息孤單。妻宮會吉，男女得貴美夫婦，偕老亦要無破殺。遷移雖是強宮，更要相佐。

**希夷先生曰**：紫微為帝座，在諸宮能降福消災，解諸星之惡，能制火鈴為善，能降七殺為權。若得府相左右昌曲吉集，無有不貴，不然亦主巨富。縱有四煞沖破，亦作中局。若遇破軍在辰戌丑未，為臣不忠，為子不孝之論。女命逢之，作貴婦斷。加煞衝破，亦作平常，不為下賤。

**歌曰**：紫微原屬土，官祿宮主星；有佐為有用，無佐為孤君。諸宮皆降福，逢凶福自申，文昌發科甲，文曲受皇恩。僧道有師號，快樂度春秋。眾星皆拱照，為吏協公平。女人會帝座，遇吉事貴人。若與桃花會，飄蕩落風塵。擎羊火鈴聚，鼠竊狗偷群。三方有吉拱，方作貴人評。若還無輔弼，諸惡共欺凌，帝為無道主。考究要知因，二限若遇帝，喜氣自然新。

**玉蟾先生曰**：紫微乃中天星主，為眾星之樞紐，為造化主。大抵為人命之主宰，掌五行育萬物，各有所司。以左輔右弼為相，以天相昌曲為從，以魁鉞為傳令。以日月為分司，以祿馬為掌爵之司，以天府為帑藏之主。身命逢之，不勝其吉。如遇四煞劫空沖破，定是僧道。此星在命，為人厚重，面紫色，專作吉斷。問：天機所主若何？

**答曰**：天機屬木，南斗第三益算之善星也。後化氣曰善，得帝令之行事。解諸星之順逆，定數於人命，逢諸吉咸集，則萬事皆善。勤於禮佛，敬乎六親，利於林泉，宜於僧道。無惡虐不仁之心，有靈機應變之智，淵魚察見，作事有方。女命遇之為福，逢吉為吉，遇凶為凶。或守於身，更逢天梁，必有高藝隨身，習者宜詳玩之。

**希夷先生曰**：天機乃益壽之星，若守身命，主人異能。與天梁左右昌曲交會，文為清顯；武為忠良。若居陷地，四煞沖破，是為下局。若見七殺天梁，當為僧道之清閑。凡人二限逢之，興家創業亦變更。女人吉星拱照，主旺夫益子。有權祿則為貴婦。若逢羊陀火忌沖破，主下賤殘疾孤剋。

**歌曰**：天機兄弟主，南斗正曜星，作事有操畧，稟性最高明，所為最高尚。亦可作群英，會吉主享福。入格居翰林。巨門同一位，武職壓邊庭；亦要權逢殺，方可立功名。天梁星同位，定作道與僧。女人若逢此，性巧必淫奔。天同與昌曲，聚拱主榮華。若居子午地，入廟有功名。若在丑未見，陷宮併流煞，血光災不測。若與諸煞會，羊陀及火鈴，災患有虛驚。武暗廉破會，兩目少光明。二限臨此宿，事必有變更。

**玉蟾先生曰**：天機南斗善星，故化氣曰善。佐帝令以行事。解諸凶之逆節。定數於人命之中，若逢吉聚，則為富貴。若逢煞沖，亦必好善。孝義六親，勤於禮佛。無不仁不義之為，有靈通變達之志。女命逢之，多主福壽。其在廟旺有力，陷地無力。

**問**：太陽所主若何？

**答**：太陽星屬火，日之精也。乃造化之表儀，在數主人有貴氣，能為文為武，諸吉集則降禎祥，處黑夜則勞心費力。若隨身命之中，居於廟樂之地，為數中之至曜，乃官祿之樞機，可化貴化祿，最宜在官祿宮，男作父星，女為夫主。命逢諸吉守照，更得太陰同照，富貴全美。若身居之逢吉聚，則可在貴人門下客，否則公卿走卒。夫妻亦為弱宮，男逢諸吉聚，可因妻得貴，陷地加煞，傷妻不吉。子女宮得八座加吉星，在廟旺地，主生貴子，權柄不小。若居財帛宮於旺地，會吉相助，不怕巨門纏，其富貴綿遠矣。若旺相無空劫，一生主富。居田宅，得祖父蔭澤，若左右諸吉星皆至，大小二限俱到，必有驟興之喜。若限不扶，不可以三合論議，恐應小差。女命逢之，限旺亦可共享。與鈴刑忌集，限目下有憂，或生剋父母。刑煞聚限，有傷官之憂。常人有官非之撓。與羊陀聚，則有疾病。與火鈴合，其苦楚不少，推而至此，禍福瞭然。遷移宮其福與身命不同，難招祖業，移根換葉，出祖為家，限步逢之，決要動移。女命逢之不吉。若福德宮有相佐，招賢明之夫。父母宮男子單作父星，有輝則吉，無輝剋父。

**希夷先生曰**：太陽星周天曆度，輪轉無窮。喜輔弼而佐君象，以祿存而助福。所忌者，巨暗遭逢，所樂者，太陰相旺。諸宮會吉則吉，黑夜遇之則勞。守人身命，主人忠鯁，不較是非。若居廟旺，化祿化權，允為貴論。若得左右昌曲魁鉞三合拱照財官二宮，富貴極品，加四煞亦主飽暖，僧道有師號。女人廟旺，主旺夫益子，加權祿封贈，加煞主平常。

**歌曰**：太陽原屬火，正主官祿星，若居身命位，稟性最聰明。慈愛量寬大，福壽享遐齡。若與太陰會，驟發貴無倫。有輝照身命，平步入金門。巨門不相犯，升殿承君恩。偏垣逢暗度，貧賤不可言。男人必剋父，女命夫不全。火鈴逢不定，羊陀眼目昏，二限若值此，必定賣田園。

**玉蟾先生曰**：太陽司權貴為文，遇天刑為武。在寅卯為初昇，在辰巳為昇殿。在午為日麗中天，主大富貴。在未申為偏垣，作事先勤後惰。在酉為西沒，貴而不顯，秀而不實。在戌亥子為失輝，更逢巨暗破軍，一生勞碌窮忙。更主眼目有傷，與人寡合招非。女命逢之，夫星不美。遇耗則非禮成婚。若與祿存同宮，雖主財帛，亦辛苦不閑。若與帝星左右同宮，則為貴論。又嫌火鈴刑忌，未免先剋其父。此星

男得之為父星，女得之為夫星

**問**：武曲星所主若何？

**答曰**：武曲北斗第六星屬金，乃財帛宮主財，與天府同宮有壽。其施權於十二宮，分其臨地，有廟旺陷宮。主於人性剛果決，有喜有怒，可福可災。若耗囚會於震宮，必為破祖淹留之輩。與祿馬交馳，發財於遠郡。若貪狼同度，慳吝之人。破軍同入財鄉，財到手而成空。諸凶聚而作禍，吉集以呈祥。

**希夷先生曰**：武曲屬金，在天司壽，在數司財。怕受制入陷。喜祿存而同政，天府為佐貳之星，財帛田宅為專司之所。惡煞耗囚會於震宮，必見木壓雷震。破軍貪狼會於坎宮，必主投河溺水。會祿馬則發財遠郡。貪狼會則少年不利。所謂武曲守命福非輕，貪狼不發少年人是也。廟樂桃花同度，利己損人。七殺火星同宮，因財被劫。遇羊陀則孤剋。遇破軍難貴顯，單居二限可也。若與破軍同位，更臨二限之中，定主是非之撓。蓋武曲守命，主人剛強果斷。甲己生人福厚，出將入相，更得貪火沖照，定為貴格。四煞沖破，不守祖業，孤貧不一，破相延年。女人吉多為貴婦，加煞沖破孤剋。

**問**：天同所主若何？

**答曰**：天同星屬水，乃南方第四星也。為福德宮之主宰，故云化福。最喜吉曜助福添祥，為人廉潔，貌稟清奇，有機謀無凶激，不怕七殺相侵，不怕諸煞同纏。限若逢之，一生得地，十二宮中皆曰福，無破定為祥。

**希夷先生曰**：天同南斗益算保生之星，化氣為福，逢吉為祥，身命值之，主為人謙遜，稟性溫和，心慈鯁直，文墨精通。有奇志無凶激，不忌七殺相侵，不畏諸凶同度，十二宮中皆為福論，遇左右昌梁貴顯，喜六丙生人，不宜六庚生人，居酉地終身不守，會四煞居巳亥為陷，殘疾孤剋。女人逢煞沖破，刑夫剋子；梁月沖破，宜作偏房，僧道宜之，主享福。問：廉貞所主若何？

**答曰**：廉貞屬火土，北斗第五星也，在斗司品秩，在數司權令。縱臨廟旺，仍犯官符，故曰：化氣為囚。觸之不可解其禍，逢之不可測其祥。主人心狠性狂，不習禮義；逢帝座執威權；遇祿存則主富貴；遇文昌好禮樂；遇七殺顯武職；在官祿有威權，在身命為次桃花。若居旺宮則賭博迷花而致訟。與官符交會於陷地，則是非起於其宮。逢財星耗合，祖產必破。遇刑忌膿血難免，遇白虎則刑杖難逃，會武曲於受制之鄉，恐木壓蛇傷。同火曜於陷空之地，主投河自縊。限逢至此，災不可攘。只宜官祿身命之位，遇吉福映，逢凶則不慈，若在他宮、禍福宜詳。歌曰：廉貪巳亥宮，遇吉福盈豐。應過三旬後，須防不善終。

**問**：天府所主若何？

**答曰**：天府屬土，南斗主令第一星也。為財帛之主宰，在斗司福權之宿，會吉皆為富貴之基，為官定作文官之論。

**希夷先生曰**：天府乃南斗延壽解厄之星，又曰司命，入相鎮國之星。在斗司權，在數則職掌財帛田宅衣祿之神。為帝之佐貳。能制羊陀為從，能化火鈴為福。主人相貌清奇，稟性溫良端雅。逢祿存武曲，必有巨萬之富。秘曰：天府為祿庫，命逢終是富。若逢四煞沖破，雖無官貴，亦主財田富足。以田宅財帛為廟樂；以奴僕父母為陷弱；以兄弟為平常。命逢之又得相佐，主夫妻子女不缺。若值空亡，是為孤立。不可一例而推斷。大抵此星多主吉。又曰：此星不論諸宮皆吉。女命得之，清正機巧，旺夫益子，縱有沖破，亦以善論。僧道宜之，有師號。

**歌曰**：

天府為祿庫，入命終是富。萬頃置田莊，家資無論數。女命坐香閨，男人食天祿。此是福吉星，四處無不足。

**問**：太陰星所主若何？

**答曰**：太陰乃水之精，為田宅主化富，與日為配，為天儀表，有上弦下弦之用，黃到黑之分。有盈虧之別，若居廟樂，其人聰明俊秀，其稟性端雅純祥。上弦為要之機，下弦減威之論。若相生配於太陽，又日在卯月在酉，俱為旺地，為富貴之基。命坐銀輝之宮，諸吉咸集，為享福之論。若居陷地，則落弱之名。若上弦下弦仍可。身若居之，又逢煞忌，則有隨娘繼拜或離祖過房。身命若見惡煞交沖，必做傷殘之論。除非僧道，反獲禎祥。為禍最為要緊，不可參差。又或與文曲同居身命，定是九流術士。男為妻宿，又做母星。希夷先生曰：太陰化祿，與日為配。以卯辰巳午未為陷，酉戌亥子丑為得垣，酉為西山之門，卯為東潛之所。嫌煞曜以來躔，怕羊陀以同度。此星屬水，為田宅宮主。有輝為福，失陷必凶。男女得之，皆為母星，又做妻宿。若在身命廟樂又逢吉集，主富貴。在疾厄遇陀羅，為目疾。遇火鈴為災。在父母，如陷地失輝，遇流年白虎太歲，主母有災。若逢白虎喪門吊客，妻亦慎之。此雖純和之星，但失輝受制則不吉。

**問**：貪狼所主若何？

**答曰**：貪狼北斗解厄之神，屬水木，化氣為桃花，為標準乃主禍福之神。亦善亦惡奸詐瞞人。受學神仙之術，又好高吟浮蕩，作巧成拙。入廟樂之宮，可為祥亦可為禍。會破軍戀酒迷花而喪命；同祿存可吉。遇耗囚則虛花，遇廉貞則不潔，見七殺遭配或遭刑，遇羊陀主痔疾，逢刑忌有斑痕。二限為禍非輕。與七殺同守身命，男有穿窬之體，女有偷香之態。諸吉壓不能為福，眾凶集愈藏其奸。以事藏機，虛花無實，與人交則厚薄不定。故云：七殺守身終是夭，貪狼入廟必為娼。若身命與破軍同會，更居天馬三合之鄉，生旺之地，男好飲而賭博遊蕩，女無媒而自嫁，淫奔私竊，輕則隨客奔馳，重則遊於歌妓。喜見空亡，反主端正。若與武曲同度，為人諂佞奸貪，每存肥己之心，並無濟人之意；與貞同官符，必定遭刑。七殺同處，定為屠宰；羊陀交併，必作風流之鬼；昌曲同度，必多虛而少實；與七殺桃宿同纏，男女邪淫虛花；若犯帝座，無制便為無益之人，倘得輔弼昌曲夾制，則無此論。陷地逢吉，增生祥瑞，雖家顛沛，也發一時之財。唯會火鈴能富貴，美在財帛。與武曲同，則為淫佚。兄弟子息俱為陷地，在田宅則破蕩祖業，先富後貧。奴僕居於廟旺，必因奴僕所破。居夫妻則男女俱不得美。疾厄與羊陀七殺交併，酒色之病。遷移若坐火鄉，破軍會煞併流年太歲疊併，則主遭兵火賊盜相侵。總而言之，男女非得地之星，不見尤妙。

**希夷先生曰**：貪狼為北斗解厄之神，其氣屬木體屬水，故化氣為桃花。乃主禍福之神，在數則樂為放蕩之事，遇吉則主富貴，遇凶則主虛浮。主人矮小，性剛猛威，機深謀遠，隨波逐浪，愛憎難定。居廟旺遇火星，武職權貴。戊巳生人合局。會廉武巧藝。得祿存，僧道宜之。破軍七殺相沖，飄蓬度日，女人刑剋不潔。

**問**：巨門所主若何？

**答曰**：巨門屬土，北斗第二星也。為陰精之星，化氣為暗，在身命一生招口舌之非。在兄弟則骨肉無義；在夫妻主口角或生離死別，縱得偕老，不免汙名失節。在子息損後，雖有而後無；在財帛有爭競之事；在疾厄遇刑忌，眼目之災，煞臨主殘疾；在遷移則招是非；在奴僕則多怨逆；在官祿主招刑杖；在田宅則破盪祖業；在福德其禍稍輕，在父母則遭棄擲。

**希夷先生曰**：巨門在天司品萬物，在數則掌執是非。主於暗昧多疑，欺瞞天地，進退兩難。其性則面是背非，六親寡合，交人初善終惡。十二宮若非廟樂之地，到處為災，奔波勞碌。至亥子丑寅巳申，雖富貴亦不耐久。會太陽則吉凶相半；逢煞忌，則主殺傷；遇祿存則解其厄，值羊陀男盜女娼；遇火鈴白虎，無吉星及祿存逢之，決配千里。三合煞湊，必遭火厄。此乃孤獨之星，刻薄之神，除為僧盜九流，方免勞神偃蹇；限逢凶曜，災難不輕。

**問**：天相所主若何？

**答曰**：天相屬水，南斗第五星也，為司爵之宿，為福善，化氣曰印，是為官祿文星，佐帝之位。若人命逢之，言語誠實，事不虛偽。見人有難具惻隱之心，見人有惡抱不平之氣。官祿得之則顯榮。帝座合之，則爭權。能佐日月之光，兼化廉貞之惡。身命得之而榮耀，子息得之而嗣續昌盛。十二宮中皆為祥福，不隨惡而變志，不因煞而改移。限步逢之，富不可量。此星若臨生旺之鄉，雖不逢帝座，若得左右，則職掌威權，或居閑弱之地，也作吉利，二限逢之主富貴。

**希夷先生曰**：天相南斗司爵之星，化氣為印，主人衣食豐足。昌曲左右相會，位至公卿。陷地廉貪武破羊陀煞湊，巧藝安身，火鈴沖破殘疾。女人主聰明端莊，志過丈夫。三方吉拱封贈論。若昌曲沖破為侍妾，在僧道主清高。 歌曰：天相原屬水，化印主官祿。身命二宮逢，定主多財福。形體又肥滿，言語不輕瀆。出仕主飛騰，居家財穀豐。二限若逢之，百事自充足。問：天梁星所主若何？

**答曰**：天梁屬土，南斗第二星也。司壽化氣為蔭為福壽，乃父母宮之主，佐上帝之權，於人命則性情磊落，於相貌則厚重溫謙，循直無私，臨事果決，蔭於身，福及子孫。遇昌曲於財宮，逢太陽於福德三合，乃萬全聲名，顯於王室，職位臨於風憲。若逢耗曜，更逢天機及煞臨，宜僧道，唯亦受王家制誥。逢羊陀同度，而亂禮亂家。居奴僕、疾厄難作豐餘之論。見刑忌必無災厄之虞。若遇火鈴刑暗，亦無征戰之擾。太歲沖而為福，白虎臨而無殃。命或對宮有天梁，主有壽。乃極吉之星。

**希夷先生曰**：天梁南斗司壽之星，化氣為蔭為壽。佐上帝威權。為父母宮主。生人清秀溫和，形神穩重，性情磊落，善識兵法。得昌曲左右加會，位至台輔。在父母宮，則厚重威嚴。會太陽於福德，極品之貴。乙壬己生人合局。若四煞沖破，則苗而不秀。逢天機煞曜，僧道清閒。與羊陀同度，則敗倫亂俗。在奴僕疾厄，亦非豐餘之論。刑忌見之，必無受敵之虞。火鈴刑暗遇之，亦無征戰之擾。太歲沖而為福，白虎會而無災；奏書會則有意外之榮，青龍動則有文書之喜。小耗大耗交遇，所幹無成；病符官符相侵，不為災論。女人吉星入廟，旺夫益子，昌曲左右扶持，主封贈；羊陀化忌沖破，刑剋招非不潔，僧道宜之。

**歌曰**：天梁原屬土，南斗最吉星。化蔭名延壽，父母宮主星。田宅兄弟內，得之福自生。形神自持重，心性更和平。生來無災患，文章有聲名。六親更和睦，仕宦居王庭。羊陀若相會，勞碌歷艱辛。若逢天機照，僧道享山林，二星在辰戌，福壽不須論。

**問**：七殺所主若何？

**答曰**：七殺南斗第六星也，屬金，乃斗中之上將，掌成敗之孤臣。在斗司斗柄，主於風憲。其威作金之靈，其性若清涼之狀。主於數，則宜僧道。主於身，定歷艱辛。在命宮，若限不扶夭折。在官祿得地，化禍為祥；在子女而子息孤單；居夫婦而鴛衾半冷；會刑囚於田宅父母，主刑傷，產業難留；逢刑忌煞於遷移疾厄，終身殘疾，縱使一身孤獨，也應壽年不長。與囚於身命，折肢傷股，又主癆傷。會囚耗於遷移，死于道路。若臨陷弱之宮，為害較減。若值強旺之宮，作禍猶深。流年煞曜莫教逢，身宮煞星休迭併。殺逢惡曜於要地或命逢煞曜於三方，二限流煞又迭併主陣亡掠死。犯刑煞遭禍不輕。大小二限合身命，雖帝制也無功。三合對沖，雖祿亦無力。蓋世英雄亦受制，一夢南柯。此乃倒限之地，務要仔細推詳。故此曜乃數中之惡曜，實非善星也。

**希夷先生曰**：

七殺斗中上將，遇紫微則化權降福；遇火鈴則為其助威。遇凶曜於生鄉，定為屠宰。會昌曲於要地，情性頑嚚。秘經曰：七殺居陷地，沉吟福不生是也。命身逢之，定歷艱辛。二限逢之，遭殃破敗。遇帝祿而不可解。逢凶守身命，作事進退，喜怒不常。左右昌曲入廟拱照，掌生殺之權，富貴出眾。若四煞忌星沖破，巧藝平常之人，陷地殘疾。女命旺地，財權服眾，志過丈夫；四煞沖破，刑剋不潔。僧道宜之，若煞湊，飄盪流移還俗。歌曰：七殺寅申子午宮，四夷拱手服英雄。魁鉞左右昌曲會，權祿名高食萬鍾。殺居陷地不堪言，凶禍猶如抱虎眠。若是殺強無制伏，少年惡死到黃泉。

**問**：破軍所主若何？

**答曰**：破軍屬水，北斗第七星，司夫妻、子息、奴僕之神，居子午入廟。在天為煞氣，在數為耗星，故化氣曰耗。主人暴凶狡詐，其性奸滑，與人寡合，動輒損人。不成人之善，善助人之惡虐。視六親如寇仇，處骨肉無仁義。惟六癸六甲生人合格，主富貴。陷地加煞沖破，巧藝殘疾，不守祖業，僧道宜之。女人沖破，淫蕩無恥。此星會紫微，帝失威權；逢天府，則作奸偽；會天機，則鼠竊狗盜；與廉貞火鈴同度，則決起官非；與巨門同度，則口舌爭鬥；與刑忌同度，則終身殘疾；與武曲入財，則東傾西敗；與文星守命，一生貧士。遇諸凶結黨，破敗；遇陷地，其禍不輕。惟天相可制其惡，天祿可解其狂，若逢流煞交併，家業盪空。與文曲入於水域，殘疾離鄉；與文昌入於震宮，遇吉可貴；若女命逢之，無媒自嫁，喪節漂流。坐人身命又居子午，逢貪狼七殺相拱，則威震華夷。或與武曲同居巳宮，貪狼拱合，亦居台閣，但看惡星何如。癸生人入格，到老亦不全美。在身命陷地，棄祖離宗；在兄弟，骨肉無義；在夫妻不正，主婚姻進退；在子息，先損後成；在財帛，如湯澆雪；在疾厄，致尪羸之疾；在遷移，奔走無方；在奴僕，怨謗逃走；在官祿，主清貧；在田宅，祖基破盪；在福德，多災；在父母。破相刑剋。

**問**：文昌所主若何？

**答曰**：文昌屬金主科甲。守身命，主人幽閑儒雅，清秀魁梧。博文廣記，機變異常。一舉成名，披緋衣紫破蕩；在福德，多災；在父母，破相，福壽雙全。縱四煞沖破，不為下賤。女人加吉得地，衣祿充足。四煞沖破，偏房論之。亦宜僧道。加祿權，有師號。　歌曰：文昌主科甲，辰巳是旺地。忌午宜卯酉，火生人不利。眉目定分明，相貌極俊麗。喜於金生人，富貴雙全美。先難而後易。中晚有名聲。

太陽蔭祿集，傳臚第一名。

**問**：文曲星所主若何？

**答曰**：文曲屬水木，北斗第四星也。主科甲文章之宿。其象屬水，與文昌同臨，數中最為祥。臨身命中，作科第之客，文昌同入命，入仕無疑。於官祿，面君顏而執政；單居身命，更逢凶曜，亦作無名舌辯之徒。與廉貞共處，必作公吏官；身與太陰同行，定係九流術士。怕逢破軍，恐臨水以生災；嫌遇貪狼，而政事顛倒。逢七殺刑忌囚及諸惡曜，詐偽莫逃。逢巨門共度，和而喪志。女命不宜逢，水性楊花。忌入午戌宮，功名蹭蹬，若祿存化祿來躔，不可以為凶論。

**希夷先生曰**：文曲守身命，居巳酉丑宮，官居侯伯。武貪三合同垣，將相之格，文昌遇合亦然。若陷宮午戌之地，巨門羊陀沖破，喪命夭折。若亥卯未旺地，與天梁天相會，主聰明博學。煞沖破，只宜僧道。若女命值之，清秀聰明，主貴。若陷地沖破，淫而且賤。

**問**：流年昌曲若何？

**答曰**：命逢流年昌曲，為科名科甲，大小二限逢之，三合拱照，太陽又照，流年祿合，小限太歲逢魁鉞、左右、台座，日月科權及祿馬，三方拱照，決然高中無疑。然非此數星俱全，方為大吉，但以流年科甲為主。如命限值之，其餘吉曜若得二三拱照，必高中。若二星在巳酉得地，不富即貴，只是不能耐久。

**歌曰**：南北昌曲星，數中推第一。身命最為佳，諸吉恐非吉。得居人命上，逢吉有功名，入仕更無疑。從容要輔弼，只恐惡煞臨。火鈴羊陀激，若還逢陷地，苗而不秀實。不是公吏輩，九流工數術，無破宰職權。昌曲落女命，放浪多淫佚。樂居亥子宮，空亡官無益。

**問**：左輔所主若何？

**希夷先生答曰**：左輔帝極主宰之星，其象屬土。身命諸宮降福。主人形貌敦厚，慷慨風流。紫府祿權若得三合沖照，主文武大貴。火忌沖破，雖富貴不久。僧道清閑，女人溫厚賢慧，旺地封贈。火忌沖破，以中局斷之。

**問**：右弼所主若何？

**希夷先生答曰**：右弼帝極主宰之星，其象屬土火，守身命，文墨精通。紫府吉星同垣，財官雙美、文武雙全。羊陀火忌沖破，下局斷之。女人賢良有志，縱四煞沖破，不為下賤。僧道清閑。

**歌曰**：左輔原屬土，右弼土為根（九宮八卦論），火為用（五星論）。失君為無用，三合宜見君。若在紫微位，爵祿不須論。若在夫妻位，主人定二婚，若與廉貞併，惡賤遭鉗刑。

**又曰**：輔弼為上相，輔佐紫微星。喜居日月側，文人遇禹門。倘居閑位上，無爵更無名。妻宮遇此宿，決定兩妻成。若與刑囚處，遭傷作盜賊。問：天魁天鉞星所主若何？希夷先生答曰：魁鉞斗中司科之星，其性屬火，入命坐貴向貴。或得左右吉聚，無不富貴。況二星又為上界和合之神，若魁臨命，鉞守身，更迭相守；更遇紫府、日月、昌曲、左右、權祿相湊，少年必娶美妻，若遇大難，必得貴人成就扶助，縱遇小人，亦不為凶。限步巡逢必主女子添喜，生男則俊雅，入學功名有成；生女則容貌端莊，出眾超群。若四十以後逢墓庫，不依此斷，有凶亦不為災。居官者，賢而威武，聲名遠播。僧道享福，與人和睦，不為下賤。女人吉多，宰輔之妻，命婦之論。若加惡煞，亦為富貴，但不免私情淫佚。

**歌曰**：天乙貴人眾所欽，命逢金帶福彌深。飛騰名譽人爭慕，博雅皆通古與今。

**又曰**：魁鉞二星限中強，人人遇此廣錢糧。官吏逢之發財福，當年必定見君王。

**問**：祿存星所主若何？

**希夷先生答曰**：祿存屬土，北斗第三星乃真人之宿也。主人貴爵，掌人壽基。帝相扶則施權；日月得之增輝。天府武曲為厥職，天梁天同共其祥。十二宮惟身命田宅財帛為緊，主富。居遷移則佳。與帝星守官祿，利子孫爵秩。若獨守命而無吉化，乃看財奴耳。逢吉逞其權，遇惡敗其跡。最嫌落於劫空，不能為福。更湊火鈴，巧藝安身，蓋祿爵當得勢而享之。守身命，主人慈厚信直，通文濟楚。女人清淑機巧，能幹能為，有君子之志。紫府同會，上局，大抵此星諸宮降福消災。然祿存不居四墓之地，蓋以辰戌為魁罡，丑未為貴人，故祿元避之，是其故也。

**歌曰**：斗北祿存星，數中為上局。守值身命內，不貴多金玉。此為天吉星，亦可登仕路。文人有聲名，武人有厚祿，常庶發橫財，僧道亦主福。官吏若逢之，斷然食天祿。

**又曰**：夾祿拱貴併化祿，命裡重逢金滿屋。不惟方丈比諸侯，一食萬鍾猶未足。祿存對向守遷移，三合逢之利祿宜。得逢遐邇人欽敬，決然白手起家基。

**問**：天馬星所主若何？

**希夷先生答曰**：諸宮各有制化。如身命臨之，謂之驛馬，喜祿存紫府昌曲守照為吉。如大小二限臨之，更遇祿存紫府流昌必得財利。如與祿存同照，謂之祿馬交馳，又曰折鞭馬。紫府同宮，謂之扶轝馬；刑煞同宮，謂之負屍馬；火星同宮，謂之戰馬；日月同宮，謂之雌雄馬；會空劫又居絕死之地，謂之死馬；遇陀羅，謂之折足馬。以上犯此數者，俱主災病，流年值之依此斷。

**問**：化祿所主若何？

**希夷先生答曰**：祿為福德之神，守身命官祿之位，科權相逢，必作大臣之職。小限逢之，主進財入仕之喜。大限十年吉慶無疑。惡曜來臨，并羊陀火忌沖照，亦不為害。女人吉湊，作命婦。二限逢之，內外稱意。煞湊平常。

**問**：化權所主若何？

**希夷先生答曰**：權星，掌判生殺之神。守人身命，科祿相逢，出將入相；科權相逢，必定文章冠世，人皆欽仰。小限相逢，無有不吉，大限十年必然得志。如逢羊陀耗使劫空，聽讒貽累，官災貶謫。女人得之，內外稱意，可作命婦，僧道掌山林，有師號。

**問**：化科主若何？

**希夷先生答曰**：科星，上界應試主掌文墨之星。守身命，權祿相逢，宰臣之貴。如逢惡曜，亦為文章秀士，可作群英師範。女命吉拱，主貴受封贈，雖四煞沖破，亦為富貴，與科星拱沖同論。

**問**：化忌所主若何？

**希夷先生答曰**：忌為多管之神，守身命，一生不順。小限逢之，一年不足，大限十年悔吝。二限太歲交臨，斷然蹭蹬。文人不耐久，武人有官災口舌之妨。雖商賈技藝人亦不宜。如會紫府昌曲左右科權祿，又兼四煞共處，即發財亦不佳，功名亦不成就。如單逢四煞傷使劫空，主奔波帶疾，僧道流移還俗。女人一生貧夭。

**問**：擎羊所主若何？

**希夷先生答曰**：擎羊北斗之助星，守身命，性粗行暴且孤單。視親為讎，翻恩為怨。入廟性剛果決，機謀好勇，主權貴，四墓生人不忌。居卯酉作禍興殃，刑剋極甚。六甲生人必有凶禍，縱富貴不久，亦不善終。若九流工藝人辛勤。加陀忌劫空沖破，殘疾離祖，刑剋六親。女人入廟加吉，上局；煞耗沖破多主刑剋，下局。

**問**：陀羅所主若何？

**希夷先生答曰**：陀羅北斗之助星，守身命心行不正，暗淚長流。性剛威猛，作事進退，橫成橫破，飄蕩不定。與貪狼同度，因酒色以成癆；與火鈴同處，定疥疫而不死；居疾厄，暗疾纏綿。辰戌丑未生人為福，財官論。文人不耐久，武人橫發高遷。若陷地加煞，刑剋招凶，二姓延生，女人刑剋下賤。

**玉蟾先生曰**：擎羊陀羅二星屬金，乃北斗浮星。在斗司奏，在數主凶厄。羊化氣曰刑，陀化氣曰忌。怕臨兄弟田宅父母三宮，忌三合臨身命。合昌曲左右，有暗痣眼疾。見日月，女剋夫而夫剋婦，為諸宮之凶神。忌同日月則傷親損目，刑併桃花則風流惹禍。忌合貪狼，因花酒以忘身。刑與暗同行，招暗疾而壞目；忌與殺暗同度，招凌辱而生暗疾；與火鈴凶星伴，只宜僧道。權刑囚合殺，疾病官厄不免。貪耗流年，面上刺痕。二限若值此，災害不時生。

**歌曰**：刑與忌同行，暗疾刑六親。火鈴遇凶伴，只宜僧與道。若刑囚合殺，疾病災厄侵。貪耗流年聚，面上刺痕新。限運若逢此，橫禍血刃生。

**又曰**：羊陀夭壽煞，人遇為掃星。君子防恐懼，小人遭凌刑。遇耗決乞求，只宜林泉人。二限倘來犯，不時災禍侵。**問**：火星所主若何？

**希夷先生荅曰**：火星乃南斗浮星也，為大煞將，南斗號煞神，諸宮不可臨。若主身命位，性氣必沉毒。剛強出眾人，毛髮多異類，唇齒有傷痕，更與羊陀會，襁褓必災迍。過房出外養，二姓可延生。若得貪狼會旺地，其貴無倫，封侯居上將，勳業著邊庭。三方無煞破，中年後始興。僧道多飄蕩，不守規戒心。女人旺地潔，陷地主邪淫，刑夫又剋子，下賤勞碌人。

**問**：鈴星所主若何？

**希夷先生答曰**：鈴星乃南斗助星也，為大煞將，南斗為從神。值人身命者，性格亦沉吟。形貌多異類，威勢有聲名。若與貪狼會，指日立邊庭。廟地財官貴，陷地主孤貧。羊陀若湊合，其刑大不清。孤單並棄祖，殘傷帶疾人。僧道多飄蕩，還俗定無疑。女人無吉曜，刑剋少六親；終身不貞潔，壽夭且困貧。此星大煞將，其惡不可禁，一生有凶禍，聚實為虛情，七殺主陣亡，破軍財屋傾，廉宿羊刑會，卻宜主刀兵，或遇貪狼宿，勳業震邊庭。若逢居廟旺，富貴不可論。

## 羊陀火鈴四煞總論

**玉蟾先生曰**：火鈴屬火，羊陀屬金。羊陀化刑忌，名曰馬掃星，又名短壽煞。君子失其權，小人犯刑法。孤獨剋六親，災禍常不歇。腰足唇齒傷，勞碌多困頓。破相又勞心，乞丐填溝壑。武曲併貪狼，一世招凶惡。疾厄若逢之，四時不離醫。只宜山寺僧，金穀常安樂。問：地空地劫所主若何？希夷先生曰：二星守身命，遇吉則吉，遇凶則凶。如四煞沖照，輕者下賤，重者傷六畜之命。僧道不正。女子婢妾刑剋，孤獨終身。大抵二星俱不宜見，定主破財。二限逢之必凶。歌曰：劫空危害最愁人，才智英雄誤一生。只好為僧併學術，堆金積玉也需貧。　問：天傷天使所主若何？

**希夷先生答曰**：天傷乃天上虛耗之神，天使乃上天傳使之神。太歲二限逢之，不問得地否，只要吉多為福，其禍稍輕。如無吉值，加會巨門羊陀火鈴與天機，其年必主官災，喪亡破敗。

**歌曰**：限至大耗併天傷，夫子在陳也絕糧。天傷限臨人共忌，石崇巨富破家亡。

**問**：天刑星所主若何？

**希夷先生答曰**：天刑守命身，不為僧道，定主孤刑。不夭則貧，父母兄弟不得全。二限逢之主出家。官事牢獄失財，入廟則吉。

**歌曰**：天刑未必是凶星，入廟名為天喜神。昌曲吉星來湊合，定然獻策到王庭。刑居寅上并酉戌，更臨卯位自光明。必遇文星成大業，掌握邊疆百萬兵。刑忌孤剋號天刑，為僧為道是孤身，哭虛二星皆同到，終是難逃有疾人。

**問**：天姚星所主若何？

**希夷先生答曰**：天姚屬水，守身命，心性陰毒，行事多疑。貪好美色，風流多婢。又主淫佚。入廟旺主富貴多奴；居亥有學識。會惡星破家敗產，因色犯刑。三合煞逢，少年夭折。若臨限，不用媒妁，招手成婚。或紫微吉星加，剛柔相濟，主風騷；加紅鸞愈淫，加刑刃主夭。

**歌曰**：

天姚居戌卯酉遊，更加桃宿三方併。福厚生成耽酒色，無災無禍度春秋。天姚星與耗星同，辛苦平生過一世，不曾安跡在客中。命身倘若值天姚，戀色貪花性帶凶。此星若居生旺地，縱登極品亦風騷。

**問**：天哭天虛所主若何？

**希夷先生答曰**：哭虛為惡曜，臨命最不宜。加臨父母內，破盪賣田產。若教身命陷，窮獨對刑傷。六親多不足，煩惱過時光。東謀西不就，心事兩茫茫。丑卯申宮吉，遇祿名顯揚。二限若逢之，哀哀哭斷腸。

## 斗數骨髓賦註解

太極星曜，乃群宿眾星之主。天門運限，即扶身助命之源。在天則運用無常，在人則命有格局。先明格局，次看惡星。如有同年同月同日同時而生，則有貧賤富貴壽夭之異；或在惡限積百萬之金銀；或在旺鄉遭連年之困苦；禍福不可一途而論；吉凶不可一例而斷。要知一世之榮枯，定看五行之宮位。立命便知貴賤，安身即曉根基。第一先看福德，再三細考遷移，分對宮之體用，定三合之源流。命無正曜，夭折孤貧；吉有兇星，美玉玷瑕。既得根基堅固，須知合局相生，堅固則富貴延壽，相生則財官昭著。

命好身好限好到老榮昌，

假如身命坐長生帝旺之鄉，本宮又得吉星廟旺，及大小二限與相生吉曜相遇，則一世謀為無不順遂。

命衰身衰限衰終身乞丐。

假如身命居死絕之鄉，本宮不見吉化；更會羊陀火鈴　空劫諸般惡曜。而運限又無吉星接應，定主貧賤。

夾貴夾祿少人知，夾權夾科世所宜。

假如丙丁壬癸生人在辰戌安命，魁鉞加夾。更遇紫微、天府、日月、權祿、左右、昌曲夾身夾命，是為夾貴向貴，其富貴必矣。如甲生人身命丑卯而寅祿居中，是生成之祿，尤為上格。其餘者若甲寅、乙卯、庚申、辛酉四位，俱同此格。如甲生人安命在巳，武曲化科居辰，破軍化權居午，是權科夾命，定主富貴，餘倣此。

夾月夾日誰能遇，夾昌夾曲主貴兮。

假如太陽太陰在身命前後二宮夾命，不逢空劫羊鈴，其貴必矣。如昌曲夾命，亦如此。

夾空夾劫主貧賤，夾羊夾陀為乞丐。

假如命化忌遇天空地劫羊陀等煞夾身命，且武廉破等星值之，定主孤寒下格，如不貧即夭。又如命化忌，廉貞羊陀火鈴者亦為下格。或祿在生旺之地，雖夾羊陀，不為下格。又或羊陀空劫不並臨，且三方遇祿權者，亦不以夾敗論。但逢煞有災。

廉貞七殺反為積富之人，

廉貞屬火，七殺屬金；是火能制金為權。如廉貞居申，殺居午，不逢煞忌；身命遇之，乃雄宿乾元之奇格也，反為積富。若然陷地又化忌則下格賤命也。

天梁太陰卻做飄蓬之客。

太陰居卯辰巳午俱為陷地，如亥巳二宮遇天梁坐於身命，定主孤寒，不然飄盪他鄉。酖於酒色之徒爾。又云：梁雖不陷，亦不做敦厚之人。

廉貞主下賤之孤寒，太陰主一身之快樂。

假如身命巳亥遇廉貞，乃為陷地。三方前後二宮又無吉星拱夾，必為貧賤。又如身命自酉迄寅宮於太陰廟旺之地遇之，必主富貴；若會吉多則富貴不小，吉少亦主刀筆功名。

先貧後富武貪同身命之宮，

假如命立丑未，武貪同宮，蓋武曲之金剋貪狼之木，則木逢制化為有用。故先貧而後方富貴。又或得三方有昌曲佐又等星拱照之貴限，再逢科祿權加會，則貴顯至矣。

先富後貧只為運限逢劫煞。

假如身命宮有一、二正曜，出門亦遇吉限；至中年限行絕地兼遇劫空耗煞等凶曜，則身命無力，故後貧也。

出世榮華，權祿守財官之位，

祿權守財帛官祿入廟吉多，定主榮華，身命值之亦然。

生來貧賤，劫空臨財福之鄉。

劫空在財帛福德二宮，多主人貧賤，如身命值之亦然。

文昌文曲為人多學多能，左輔右弼，秉性克寬克厚。

命遇昌曲吉星是也。若然昌曲坐命未宮，見羊陀等煞者有災殃。是故看法要有活變；如左右二星坐命，不拘吉星多少，亦以寬厚論。

天府天相乃為衣祿之神，為仕為官定主亨通之兆。

假如丑安命，巳酉府相來朝；未安命，亥卯府相來朝是也。戊己生人無煞，依此斷。如加煞，不是。

苗而不秀，科星限於凶鄉，

假如科星限於空劫羊陀之中，又或太陽在戌化科，太陰在卯；縱化科祿權，亦不為美也。

發不主財祿主纏於弱地。

假如祿存陷於空劫之中是也。縱於廟旺亦然無用，主孤貧。

七殺朝斗，爵祿昌榮。

假如祿存陷於空劫之中是也。縱於廟旺亦然無用，主孤貧。

紫府同宮，終身福厚。

如寅申二宮安命，值紫微天府同宮，三方有左右、魁鉞拱照，必主富貴，終身福厚。甲生人化吉極美。

紫微居午無煞湊，位至公卿。
假如甲己戊生人安命午宮不逢煞星湊合，入格；主大貴。其餘宮亦主富足或小富。
天府臨戌有星扶，腰金衣紫。
假如甲己生人安命戌宮值之，依此斷。加煞，不是。若有魁鉞、左右、祿權加會主大富貴。如無吉星，平常。
科權祿拱名譽昭彰，
此為三化吉星，如身命坐守一化，財帛官祿有二化來合，是為三合守照，謂之科祿權拱是也。如加左右，位至三公。
武曲廟垣威名赫奕。
假如辰戌二宮安命無煞忌侵擾，定上格；丑未安命次之。又見祿權、左右、昌曲吉星，方依此斷。
科明暗祿位列三台，
假如甲生人安命亥宮，值科星守命宮，又天祿居寅，則因亥與寅暗合，故曰科明暗祿。
日月同臨官居侯伯。

假如命安丑宮，日月在未；命安未宮，日月在丑，謂之同臨是也。訣云：日月同臨論對宮，丙辛人遇之福興隆。

巨機同宮公卿之位，

假如乙丙辛生人安命卯宮，二星守命，更遇昌曲、左右，上格論之。其餘宮不在此論。

貪鈴並守將相之名。

假如辰戌丑未子宮安命值之，是為入廟，依此斷。如加吉，子辰二宮坐守尤佳，戊生人上格，己生人次之。

天魁天鉞蓋世文章，

如身命坐魁，對宮天鉞；或身命坐鉞，對宮天魁是也；謂之坐貴向貴，更會吉星，其貴必矣。

天祿天馬驚人甲第。

如寅申巳亥四宮安命，值天祿天馬坐守，命宮三合吉星守照，依此斷。加煞，不是。

左輔文昌會吉星，尊居八座。

假如此二星坐守身命，更三方吉拱，依此斷。加煞劫空，不合此格。

貪狼火星居廟旺，名鎮諸邦。

如辰戌丑未四宮安命值此，上格。三方吉星拱照，尤美。如卯宮安命無煞次之。加羊陀劫空，不是。

巨日同宮官封三代，

寅宮安命值此，無劫空四煞，上格；未宮次之。如巳宮有日守命垣，亥有巨者，上格。巳有巨守命，亥有日者，不美，下格。申有日守，巨來同垣無煞加，平常之人。

紫府朝垣食祿萬鍾。

如寅宮安命，午戌宮紫府來朝；申宮安命，子辰宮有紫府來朝，是為人君訪臣之象，吉格也。更遇流祿巡逢，必然位至公卿。如七殺在寅申坐者，亦為上格。加四煞化忌，為平常人也。

科權對拱，躍三汲於禹門。

科權二星在遷移、財帛、官祿三方對拱是也。或命宮有化科權祿三方守照，無煞亦然。

日月並明，佐九重於堯殿。

如安命丑宮，日在巳，月在酉來朝照，謂之並明。壬生人合格。如庚生人主貴；丁生人主富。加四煞空劫忌，平常。

府相同來會命宮，全家食祿。

府相三合照臨，更遇本宮吉多，身命無敗，是為府相朝垣之格，富貴必矣。訣云：府相朝垣格最良，出仕為官大吉昌。

三合明珠生旺地，穩步蟾宮。

如在未宮安命，日在卯宮，月在亥宮來朝照，為明珠出海；主財官雙美。如辰宮日守命，戌宮月對照；戌宮月守命，辰宮日對照，必主極貴。

七殺破軍宜出外，

此二星會身命於陷地，主諸般手藝能精，外出可也。居寅申不論；巳亥論之。

機月同梁做吏人。

此四星必身命三合齊全，方准刀筆功名可就。加煞化忌，下格。訣云：寅申會同梁機月，必定作吏人；若無四星同來會，三者難成。

紫府日月居旺地，斷定公侯器。

紫午宮，府戌宮，日居卯，月臨亥；又化祿科權坐守身命是也。加煞忌空劫，不是，謂之美玉沾瑕。

日月科祿丑宮中，定是方伯公。

丑未安命，日月化科祿坐守是也。如無吉化，雖日月同宮不為美也。訣云：日月丑未命中逢，三方無吉福無生。若還吉化方為美，方面威權福祿增。

天梁天馬陷，飄蕩無疑。

巳亥申宮安命值天梁失陷，而天馬同宮。又或陷於火陀空劫，依此而斷。

廉貞煞不加，聲名遠播。

煞謂四煞也，如卯宮安命值之，甲生人富貴；亦宜三合吉照是也，加煞平常。或在未申二宮坐命，無煞亦吉。

日照雷門，富貴榮華。

卯宮安命，太陽坐守；更三方左右、昌曲、魁鉞守照，富貴不小。丁庚壬生人合格。加刑忌四煞，亦主溫飽。

月朗天門，進爵封侯。

亥宮安命，太陰坐守。更三方吉拱，主大富貴。無吉亦主雜職功名。丁庚壬生人富貴。

寅逢府相，位登一品之榮。

寅宮安命，府居午宮，相居戌宮來朝，甲生人遇之是也。如加煞，不是。如酉宮安命，府居丑宮，相居巳宮來朝亦貴。

墓逢左右，尊居八座之貴。

辰戌丑未安命，左右二星坐守是也，或遷移、財帛、官祿三宮遇之，亦主福壽。

梁居午位，官資清顯。

午宮安命，天梁坐守是也。丁生人上格，主富。丙壬生人次之。

曲遇梁星，位至台綱。

午宮安命，二星同宮坐守，上格。寅宮次之；或梁在午，曲在子會沖者，官至二、三品。

科祿巡逢，周勃欣然入相。

命宮有吉坐守，三方化科祿星沖拱，或命身二位遇科祿權，皆主富貴。

文星暗拱，賈誼允矣登科。

如命宮有吉，遷移、財帛、官祿三方有昌曲科星朝拱者是也。

擎羊火星，威權出眾；同行貪武，威壓邊夷。

辰戌丑未四墓安命，遇羊火星入廟，文武雙全，兵權萬里；如貪狼武曲遇火星且居旺地，亦同此格斷。

李廣不封，擎羊會於力士。

此二星守命，縱吉多，亦作平常之論；加煞尤凶，女命不論。

顏回夭折，文昌陷於天傷。

如丑生人安命寅宮，其文昌於未宮落陷，加會天傷；流年又遇七殺及羊陀迭併之限，依此斷準。

仲由猛烈，廉貞入廟遇將軍。

立命申宮此二星坐守是也，餘倣此。

子羽才能，巨宿同梁沖且合。

羽命立申宮，子宮有天同，寅宮有巨門，辰宮有天梁，又得科祿權及左右拱沖，合此格是也。

寅申最喜同梁會，

寅申宮安命又值同梁化吉，丙丁壬生人富貴。

辰戌應嫌陷巨門。

辰戌二宮安命，值巨門失陷，主人作事顛倒；加煞主唇舌之非，刑傷不免。更遇惡限，尤凶。

祿倒馬倒，忌太歲合劫空。

如祿馬臨敗絕空亡之地，而太歲流年復會地劫天空，主駁雜災悔，發不主財之論。

運衰限衰，喜紫微解凶惡。

如大小二限不逢吉曜，而身命有紫微守照，則限雖凶，亦主平穩。蓋因身命有主故也。

孤貧多有壽，富貴即夭亡。

如命主星弱，且財官子息亦同，宜減祿以延壽是也。又如太歲坐命，主星又弱；而財官遷移化吉，又行吉限，定主橫發，唯富貴不久矣。限運過即夭亡。

吊客喪門，綠珠有墜樓之危。

大小二限遇有喪門吊客及太歲逢凶星，必遭驚險是也。

官符太歲，公冶有縲絏之憂。

命身宮二星坐守及二限又遇官符等煞，依此斷。

限至天羅地網，屈原溺水而亡。

二限行至辰戌二宮，逢武曲貪狼；更有太歲、喪門、吊客、白虎及空劫四煞；亦或其一沖照，其限最凶。

運遇地劫天空，阮籍有貧窮之苦。

二限十二宮中，但遇劫空二星，雖吉多，亦財來財去。如見流年煞曜及凶星駁雜，定主貧困。

文昌文曲會廉貞，喪命天年。

巳亥二宮安命值之是也，丙壬癸生人最忌。若武曲天相等主財之星隨宮見之，反為得貴，主權。

命空限空無吉湊，功名蹭蹬。

如命限逢空加煞，其功名必不能就。或有正星吉化，逢空劫命限，亦主燈火辛勤，仍不得上榜。

生逢天空，猶如半空折翅。

命宮值天空坐守，作平常之論。尤恐中年失意，倘曾橫發，必主凶亡。

命中遇劫，恰如浪裏行船。

命宮遇地劫坐守，作平常論，亦不主財。若同煞忌，其凶必矣。

項羽英雄，限至天空而喪國。

大小二限或太歲俱逢天空地空是也。

石崇豪富，限行劫空傷使之地而亡家。

大小二限臨於傷使之地，更加劫空。再遇流陀等煞，必凶。

呂后專權，兩重天祿天馬。

祿存又逢化祿且天馬同守命宮是也。

楊妃好色，三合文昌文曲。

命宮及財官遷移逢昌曲拱照，更會太陰天機，必主淫佚。

天梁遇馬，女命賤而且淫。

如寅申巳亥四宮安命，遇天馬坐守，而三方遇天梁合照是也。

昌曲夾墀，男命貴而且顯。

太陽為丹墀，太陰為桂墀；如命立丑未逢太陽太陰正坐，而子寅、午申有昌曲來夾是也。

極居卯酉，多為脫俗僧人。

紫微為北極，如坐守命宮加煞定主僧道；無煞加吉化，又逢左右魁鉞拱照，主貴。

貞居卯酉，定是公胥吏輩。

卯酉安命，廉貞坐守加煞，必作公門胥吏僕役。

紫府同宮，尊居萬乘。

寅申二宮安命值此二星坐守，更會三方吉化拱沖，必居極品之貴。

廉貞七殺，流盪天涯。

巳亥二宮安命值此二星及天馬，且加煞化忌，又逢空劫；流盪天涯不得守家，從商在外艱辛。

鄧通餓死，運逢大耗之鄉。

通命安於子宮，二限行至夾陷之地，大耗逢之，更會惡曜是也。

夫子絕糧，限到天傷之內。

與上同斷

鈴昌羅武，限至投河。

此四星交會辰戌二宮謂之。丙壬癸生人二限太歲天干亦逢丙壬癸，又行至辰戌，定遭水厄；又加惡煞必死於外。如四星在辰戌坐命，亦然。

巨火擎羊，終身縊死。

此三星坐守身命，大小二限又逢惡煞則不美，依此斷。

命裏逢空，不漂流亦主貧苦。

如命宮不見正曜，單值天空坐守，更三合加煞，化吉不見；依此斷。如加吉星，不致如此。

馬頭帶劍，非夭折即主刑傷。

擎羊在午守命；卯次之；酉又次之。為羊刃落陷之地是也。寅申巳亥四宮，陀羅守命，亦然。辰戌丑未不忌。

子午破軍，加官進祿。

子午二宮逢破軍守命加吉星，必然位至三公。

昌貪居命，粉骨碎屍。

如巳亥二宮安命值此二星坐守，加煞化忌主夭亡。或官祿宮遇之，亦同。

朝斗仰斗，爵祿昌榮。

七殺守命且居旺宮是也。如居子寅為仰斗；居午申為朝斗，入格者富貴。若遷移、官祿二宮，不在此論。

文桂文華，九重貴顯。

文昌為文桂，文曲為文華；如丑未安命值之，更化吉及祿合，或吉星拱夾是也。若無吉化，雖昌曲無用耳。

丹墀桂墀，早遂青雲之志。

丹墀謂日居卯辰巳；桂墀謂月入酉戌亥。此六宮身命遇之是也。亦宜見昌曲魁鉞。

合祿拱祿，定為巨擘之臣。

祿存與化祿在財官二宮合命，或命坐祿而遷移有祿拱，皆主富貴。訣云：合祿拱祿堆金玉，爵位高遷衣紫袍。

陰陽會昌曲，出世榮華。

如命坐陰陽，三方昌曲來會，或命坐昌曲，陰陽來會，更遇魁鉞吉星，富貴必矣。

輔弼遇財官，衣緋著紫。

如身命有正星或吉星，遇三方有輔弼來朝是也。

巨梁夾命廉貞會，合祿鴛鴦一世榮。

巨梁夾命併廉貞，入廟且逢吉星拱照是也；又如祿存或化祿居夫妻宮，見祿來合，亦主富貴。

武曲閑宮多手藝，貪居陷地做屠人。

武曲巳亥守命加煞者，宜手藝安身；貪狼巳亥守命加煞者，夭壽。

天祿朝垣，身榮貴顯。

如甲生人立命申宮，甲祿到寅朝命者謂之，亦稱祿朝垣格。

魁星臨命，位列三台。

如午宮安命，紫微坐守；遇文昌魁鉞，甲己生人奇格，戊生人次之。

武曲居戌亥，最怕貪狼加煞忌。

武曲在戌亥守命，三方見貪狼化忌加煞，不為美也。定主少年不利，若有貪火沖照，主貴。甲戊己生人合格。

化祿還為好，休向墓中藏。

化祿守照命宮，更加吉曜，主富貴。但落辰戌丑未四宮，縱加吉曜，亦然無用。

子午巨門，石中隱玉。

子午二宮安身命，借巨門坐守；更得寅戌申辰宮科祿合照，富貴必矣。

明祿暗祿，錦上添花。

如甲生人立命亥宮，得化祿坐守，又得寅祿來合謂之。蓋寅與亥為暗合。與前科明祿暗格同斷。

紫微辰戌遇破軍，富而不貴有虛名。

辰戌二宮安命遇紫微及破軍，實為陷地，必不貴也。縱然發財，亦無實受。

昌曲破軍逢，刑剋多勞碌。

如卯酉辰戌破軍守命，雖得文昌文曲拱照，亦非全吉，加煞化忌，亦不足為貴。

貪武墓中居，三十才發福。

如辰戌丑未四宮，值此二星守命，定主少年不利。加化忌，夭亡。訣曰：貪武不發少年人，運過三十方延壽。

天同戌宮為反背，丁人化吉主大貴。

蓋天同在戌宮本為陷地，與陰機巨梁會照。命立於此，如遇丁生人，則陰化祿，同化權，機化科，巨化忌，四正齊臨定主大富貴。加煞只宜僧道，下局。

巨門辰戌為陷地，辛人化吉祿崢嶸。

辰戌巨門坐命，本為陷地，如遇辛生人，巨門化祿在辰，則酉祿暗合，必主富貴。加煞，非也。

機梁丑未化吉者，縱遇財官也不榮。

丑未機梁，實為陷地。雖梁能逢凶化吉亦無力。

日月最嫌反背，乃為失輝。

太陽在申酉戌亥子，太陰在寅卯辰巳午，則日月無輝，何貴之有？然有日月反背而多富貴者，要看本宮三合有何吉化拱照且不加煞是也。故玉蟬先生曰：斷法在人活變爾。

身命定要精求，恐差分數。

欲安身命先辨時辰，時真則命無不應。身命既定之後，則看本宮生旺死絕何如，然後依星推斷。

陰騭延年增百福，縱於陷地不遭傷。

身命雖弱及行弱限，反得福德，此必因心好多積陰騭所致。余家之舍兄李逢春隨其兄任湖廣。遇一相師，相他壽短，可往返之；及至中途，風雨中見一貧者，周之錢米。其人感德，將親女奉陪。逢春固辭而回後，無一災恙。復至兄任，相師見之笑曰：先生陰騭相現矣，富比台閣。再三問之，逢春不對。後余詳方知其故。是故若然命星及行限俱弱，卻反得福壽吉慶；必托陰騭之福，勤加積德所致也。

命實運堅，槁田得雨，命衰限衰，嫩草遭霜。

如命坐陷地，卻有四面吉拱，亦為福論。如命生陷地，運逢惡煞，必主災悔。若夫命實運堅，其福不必言矣。

論命必推星善惡，巨破擎羊性必剛。

此三星守命，若居陷地，非但性剛烈也；亦定主唇舌是非，加煞，傷財破敗。

府相同梁性必好，火貪劫空性不常。

府相同梁皆南斗純陽助星，身命值之，必得中和之性。若貪狼遇火，固當富貴；但空劫臨之，則依此斷。

昌曲祿機清巧秀，陰陽左右最慈祥。

昌曲祿機守命不加煞；主人磊落英華，聰明秀麗，亦當富貴。如陰陽左右坐命不加煞；主人清奇敦厚，度量寬宏，富貴之論。

武破廉貪沖合，局固全貴，羊陀七殺相雜，互見則傷。

身命三合遇武破廉貪，更得化吉，富貴必矣；紫微降七殺化權，使羊陀向善，故若再得紫微同居，命宮沖合亦佳；但七殺羊陀終非吉兆之曜，到老亦不得善終也。

貪狼廉貞破軍惡，七殺擎羊陀羅凶。

身命三合有六星守照，更加廉貞化忌又不見吉，定主淫邪破敗；或破祖刑剋。如入廟化吉，亦與前同看，到老亦不得善終也。

火星鈴星專作禍，劫空傷使禍重重。

大小二限值此凶星，定災悔多端；如身命逢之加吉；火鈴為害，劫空不宜。

巨門忌星皆不吉，運身命限忌相逢。

夫忌星乃多管之神，十二宮身命二限逢之，皆主不吉，況巨門本非吉曜，若陷地化忌，何吉之有？

更兼太歲官符至，官非口舌絕不空。

夫太歲官符本為興訟之神；況巨門乃是非之曜，又兼化忌臨之，其官非口舌必不能免。

吊客喪門又相遇，管教災病而相攻。

夫吊客喪門本主刑孝，但不逢七殺羊陀及化忌，猶或可免。但災病則必有也。況忌星最能生疾。

七殺守身終是夭，貪狼入命必為娼。

七殺守身命，陷地加凶，依此斷。如貪狼守命，雖不加煞；或在三合照臨，亦主淫佚。如加煞陷地，則男主飄蕩，女主淫亂。秘曰：貪狼三合相照臨，也學韓君去偷香心好命微亦主壽，心毒命厚亦夭亡。

上句即前陰騭論之說，下句與上句反者便是。譬如諸葛孔明，用智燒藤甲軍，乃減數年之壽是也。

今人命有千金貴，運去之時豈久長。數內包含多少理，學者當需仔細詳。

## 女命骨髓賦註解

府相之星女命纏，必當子貴與夫賢。

午宮安命，二星值之，甲生人合格；子宮安命，二星值之，己生人合格；申宮安命，二星值之，庚生人合格，必作命婦，榮膺封誥是也。

廉貞清白能相守，

此星未宮安命，甲生人合格；寅申宮安命，己生人合格；俱為上格看。

更有天同理亦然。

此星寅宮安命，丙生人合格；卯宮安命，辛生人合格；戌宮安命，丁生人合格；巳宮安命，丙生人合格；亥宮安命，丙辛生人合格，必定主富貴。

端正紫微太陽星，早遇賢夫性可憑。

紫微太陽均居廟旺之地且無煞忌侵擾，女命主貴。

太陽寅到午，遇吉終是福。

太陽寅至午宮安命會吉曜，主富貴；陷地加煞，平常。

左輔天魁為福壽，右弼天相福相臨。

四星諸宮得地，如身命值此坐守，定主富貴榮昌。

祿存厚重多衣食，府相朝垣命必榮。

祿存會命定吉，又逢紫府武曲三合守照，不富即貴。如命立申，府在子，相在辰；為朝垣之格，甲己生人上局；戊生人次之；如巳亥子午安命得之，丙癸生人不吉。

紫府巳亥互為輔，左右扶持福必生。

巳亥二宮安命，遇紫府左右守照沖夾，更兼化吉星，主富貴必矣。

巨門天機為破蕩，

子午卯酉宮安命，巨機逢之。雖為旺地，然終福不全美。

天梁月曜女命貧。

巳亥安命，天梁值之；寅辰安命，太陰值之。如逢煞忌，衣祿不遂。假如陷地則主下賤。

擎羊火星為下賤，

此二星守命旺宮猶可。但刑剋不免耳。如居陷地加煞，主下賤，不然則夭。

文昌文曲福不全，

此二曜宜男不宜女。

武曲加煞為寡宿。

此星宜男不宜女，如值武曲得地，三方吉拱，可為女將，如陷地遇昌曲加煞，則主孤貧。

破軍一曜性難明，

此孤獨淫佚之星，女人不宜。加四煞，必因奸謀夫，因妒害子。不然則為下婢娼婦，女尼可也。

貪狼內狠多淫佚，

此曜又名桃花，乃好色之星，不容妾婢，心有妒忌；因奸謀夫害子。縱不至此，淫佚最驗。

七殺沉吟福不榮。

此將相之星，若居廟旺，則為女將。惟此曜本質孤剋，惡煞加之淫巧，縱有吉化，女命逢之終不為美。偏房宜之。

十干化祿最榮昌，女命逢之大吉昌。更得祿存相湊合，旺夫益子受恩光。

如命坐化祿又得祿存沖合，或巡逢或同宮，皆主命婦之貴。不然亦主大富，必生貴子。

火鈴羊陀及巨門，天空地劫又相臨。貪狼七殺廉貞宿，武曲加臨剋害侵。

大抵此數星，女命不宜逢。如命逢一二，即主淫賤。若並見之，其下賤貧夭必矣。

三方四正嫌逢殺，更在夫宮禍患深。若值本宮無正曜，必主生離尅害真。

女命七殺，三方四正及身命夫妻俱不宜見之。見之又逢前數星者，要依此斷，方可驗也。

以上論賦，俱係看命要訣。學者宜熟玩之，乃得原委也。

## 太微賦註解

祿逢沖破吉處藏凶，

假如身命宮逢祿存或三合有祿，遇劫空及化忌謂之沖破；反為凶兆。如限步到祿存，凶星同聚，亦為凶也。

馬遇空亡終身奔走。

假如甲生人，截路空亡在申，若安命於此，又逢天馬，則終身奔走，只宜僧道。

生逢敗地發也虛花，

命立衰敗之地，四正又逢煞忌侵擾，縱限步逢吉曜，發過即敗，無法長久。

星臨廟旺，再觀生剋之機，命坐強宮，細查制化之理。

星曜居廟旺之地，需觀察三方星曜之生剋情況；命宮星曜組合強旺，亦須詳察其間是否有相制化之情形。

日月最嫌反背，

假如日在戌酉亥子丑，月在卯辰巳午未，皆為反背。惟仍看上弦下弦；上弦望日吉，下弦晦日兇。若日月同垣，便看人生時日；日喜太陽，月喜太陰，方可論禍福。

祿馬最喜交馳。

假如甲祿在寅，而天馬亦在寅，且不逢煞忌，謂之祿馬交馳，天馬三方會祿，亦可。

空亡定要得用，天空最為緊要。

假如身命宮逢金空則鳴，火空則發，二限逢之，反為福論。若水空則泛，木空則折，土空則陷，為禍矣。

若逢敗地，專看扶持之曜大有奇功。

假如命在敗絕地，又祿存化祿等吉曜扶持，反美。

紫微天府全依輔弼之功。

假如命遇紫府，又得輔弼守照，終身富貴。

七殺破軍專依羊鈴之虐。

假如身命遇七殺、破軍，又逢羊鈴守照，有制方可，無制為凶。

諸星吉，逢凶也吉；諸星凶，逢吉也凶。

假如三方身命宮，吉多凶少則吉；凶多吉少則凶，仍須看吉凶星得垣失陷與生剋制化，以定禍福。

輔弼夾帝為上品，桃花犯主為至淫。

假如身命紫微與貪狼同垣守照，謂之桃花犯主，男女邪淫奸詐巧謀。倘得輔弼來夾，則貪狼受制，不拘此論。

魁鉞同行，位居台輔；祿文拱命，貴而且賢。

假如魁鉞守身命，兼得祿權昌曲吉曜來拱，無不富貴。但有刑忌相沖，則為平常，只宜僧道。

馬頭帶劍，鎮衛邊疆；

假如午宮安命，遇有天同貪狼及擎羊，丙戊人逢之化吉。縱羊刃居命，亦為美論；富貴皆可許，惟不耐久矣。

刑囚夾印，刑杖惟司；

假如身命有天相，卻逢羊貞同宮守照，則天相遭夾是也。如甲生人命立卯宮，天相擎羊正坐，逢對宮廉貞會照謂之。主人逢官非受刑杖，終身不能發達，只宜僧道。

善蔭朝綱，仁慈之長。

假如機梁二星守身命在辰戌宮兼化吉相助，以為富貴。加刑忌耗煞，僧道宜之。

貴入貴鄉，逢者富貴。

假如身命遇有貴人星，又兼吉曜祿權來助；逢之無不富貴。限遇之亦主發福。

財居財位，遇者富奢。

假如紫微天府及武曲居於財帛之宮，又兼化祿權及祿存；必主富奢。二限若逢主大發。

太陽居午，謂之日麗中天，有專權之貴，敵國之富。

假如身命坐於午宮，遇有太陽。庚辛年日生者，富貴全美；女人逢之，旺夫益子，封贈夫人。

太陰居子，號曰水澄桂萼，得清要之職，忠諫之材。

假如身命坐於子宮，遇有太陰。丙丁年夜生者，富貴全美；心無私取，有中諫之材。

紫微輔弼同宮，一呼百諾居上品；

假如紫微守身命，有左右同宮或三方守照扶持，富貴矣，為終身全美之論。

文耗居寅卯，謂之眾水朝東。

假如身命居寅卯遇文曲及破軍，卻有刑煞沖破，一生驚駭。限步到此，逢吉則平，遇凶不吉，終身辛苦，費心勞力。

日月守不如照合，蔭福聚不怕凶危。

假如日月守身命，雖會吉曜，仍不能稱之全美；如逢凶星，定有凶災；惟此二曜如於三合照命兼化吉，以為美也；蔭福即為天梁天同，如在身命逢吉，不怕凶災，縱有刑忌也不論。

貪居亥子，名為泛水桃花；

假如身命坐於亥子，遇貪狼又逢吉曜，則以吉論。如遇刑忌，男浪蕩，女淫娼。

忌遇貪狼，號曰風流綵杖。

假如貪狼陀羅同垣，身命遇之，為人聰明，更主風流；遇閑宮則平矣。

七殺廉貞同位，路上埋屍；破軍文曲入子地，水中作塚。

假如身命值此二星守之，加化忌耗煞，依此斷；或在遷移宮亦然。破軍文曲均屬水，同入水鄉，水因溢滿而成災。

祿居奴僕縱有官也奔馳，

假如身命宮星平，奴僕宮又得祿存及化權祿與吉曜，以為美論，只是勞碌。

帝遇凶徒雖獲吉而無道；

假如紫微守身命，遇有權祿煞忌同位守照，雖吉無凶，只是為人心術不正。

帝坐金車則曰金轝捧櫛，福安文曜謂之玉袖天香。

假如紫微守命，又有吉曜來呼號是也，必當大權之職。臨官同昌曲於福德宮亦然。

太陽會文昌於官祿，皇殿朝班，富貴全美；

假如太陽會文昌於官祿，逢吉曜守照，其富貴必矣；必為宰相。

太陰會文曲於妻宮，蟾宮折桂，文章令聞。

假如太陰文曲同於妻宮，又兼吉曜來扶；限步又逢至此，男子蟾宮折桂，女子招貴受封贈。

祿存守於田財，堆金積玉。

假如祿存星守於田財二宮，主富。

財蔭坐於遷移，巨商高賈。

財即武曲，蔭即天梁；此二星或其一化祿權與吉星同於遷移宮，必作巨商高賈；若加刑忌煞湊，平常。

耗居祿位，沿途乞食；

假如耗星坐守官祿宮，又逢刑忌侵擾謂之。余謂：耗星應泛指破軍及大小耗也。祿位亦可以祿存、化祿替之。

貪會旺宮，終身鼠竊。

假如貪狼廟旺守身命官祿之位，逢耗星及煞忌會照，主為人貧窮，終為竊盜之人。

殺居絕地，天年夭似顏回；

假如命坐寅申巳亥，逢七殺加刑忌，又逢絕地；則縱有吉曜合照，限臨亦凶矣。

忌暗同居身命疾厄，沉困尪羸，

假如身命及疾厄宮逢巨門、擎羊及陀羅；為人貧困，體弱殘疾，祖業破盪，奔波勞碌之人也。

刑煞同廉貞於官祿，架扭難逃，

假如刑煞廉貞守官祿之宮，流年二限到此，不為禍患定遭刑。

官符加刑煞於遷移，離鄉遭配。

假如流官符與本生官符夾刑煞於遷移宮，太歲小限若到此，必遭刑貶配離祖之論。

善福於空位，天竺生涯；

假如身命會空，又天機天同三合會照，宜僧道清閑。

輔弼單守命宮，離宗庶出。

身命無正曜，只有左右照守或獨坐，必難為父母，或自小離宗偏房庶出。

七殺臨於身命加惡煞，必定死亡。

命坐七殺，流年太歲再逢七殺加刑忌及羊陀迭併，必主災病是非與口舌，或如顏回天年夭折。

鈴羊合於命宮遇白虎，須當刑戮。

鈴羊刑煞坐於命宮，流年又逢白虎，定主當年官非破財。

官符發於吉曜流煞，怕逢破軍。

官符為不吉之曜，但若會照吉曜，縱遇流煞侵擾，仍可呈祥。惟倘再逢破軍，雖逢吉亦無用也。

羊鈴憑太歲以引行，病符官符皆作禍。

命身羊鈴坐守，流年太歲再逢羊陀迭併，則禍必興矣；如命犯病符與官符，太歲亦到，主官非口舌。

奏書博士與流祿，盡作吉祥；力士將軍同青龍，顯其權勢。童子限如水上泡漚，老人限似風中燃燭。遇煞無制乃流年最忌，人生榮辱限元必有休咎。處世孤貧，命限逢乎駁雜，學至此誠玄微矣。

# 格局七論

**第一論**：論對面朝斗格：子午宮逢祿存是也。

**詩曰**：對面有祿在遷移，子午逢之利祿宜。德合吉攘人敬重，雙全富貴福稀奇。

**第二論**：論科權祿主格：謂化科、化祿、化權入命是也。

**詩曰**：祿權周勃命中逢，入相王朝贊聖功。迎合權星兼吉曜，巍巍富貴列三公。

**第三論**：論左右朝垣格：謂左輔、右弼入命是也。

**詩曰**：天星左右最高明，若在三方祿位與。武職高登應顯名，文人名譽列公卿。

**第四論**：論兼文武格：文曲武曲在身命是也。

**詩曰**：格名文武少人知，遇此須教百事通。更值命宮無煞破，滔滔榮顯是英雄。

**第五論**：論文星朝命格：謂文昌、文曲入命是也。

**詩曰**：文昌文曲最榮華，值此須生富豪家。更得三方祥曜拱，確如錦上又添花。

**第六論**：論石中隱玉格：命在子午逢巨門是也。

**詩曰**：巨門子午二宮逢，身命值之必貴榮。更得三方科祿拱，石中隱玉是豐隆。

**第七論**：論火貴格：貪狼遇火三合守照身命是也。

**詩曰**：火遇貪狼照命宮，封侯食祿是英雄。三方倘若無凶煞，到老應知福壽隆。

## 看命五論

### 第一論：論人有無商賈之命

如人命有巨日紫府守照者，其人安分，有仁德耿直之心。做事無私，不行邪僻，不為妄求。為仕為官廉潔。如值貞貪同煞忌，心多機關，貪財無厭，暮夜求利之輩。

**詩曰：**貪貞同煞會機梁，因財計利做經商。須知暮夜無眠睡，潮海營營自走忙。

**又曰：**經商紫府遇擎羊，武曲遷移利市場。殺破廉貞同左右，羊鈴火宿遠傳揚。

## 第二論：論人命有無術藝者

貪居寅申巳亥落閑宮，或辰戌丑未遇貪狼武曲，在命化忌加煞，必做細巧術藝之人。

**詩曰：**閑宮貪狼何生業，不是屠人須打鐵。諸般巧藝更能精，性好遊牧幷捕獵。

**又曰：**貪武未宮多巧藝，巳亥安命正相宜，破軍廉貞居卯酉，細巧之人定藝奇。

**又曰：**天機天相命身中，帝令財星入墓宮。天府若居遷移位，平生定是做奇工。

## 第三論：論僧道出家之命

紫微居卯酉遇劫空者，或命無正星又兼羊陀劫空及化忌者。更看父母、夫妻及子女等六親宮位有煞者，方可據此斷之。或命立寅申巳亥四生地，又逢煞湊且化忌，男僧道，女尼姑。

**詩曰**：極居卯酉遇劫空，十人之命九人僧。道釋岩泉皆有分，清閒幽靜度平生。

**又曰**：命坐空鄉定出家，文星相會實堪誇。若還文曲臨身命，受蔭清閑福可嘉。

**又曰**：天機七殺破梁同，羽客僧流命所逢。更若太陽兼帝座，伶仃孤剋命方終。

## 第四論：論人命犯孤剋

第一看父母廟旺地，有無吉凶星辰，如在陷地加煞化忌，必主刑剋，第二看夫妻宮，第三看子女宮，如均在陷地加煞化忌，必以鰥寡孤獨論斷。上犯一二者，不為僧道，定主貧賤之人。

## 第五論：論壽夭淫蕩

**詩曰**：貪狼入廟最高強，南極星同壽命長。北斗帝星無惡煞，綿綿老耆衍禎祥。

又曰：七殺臨身終是夭，貪狼入廟必為娼。前示三合相照臨，也學韓君去偷香。

又曰：身命兩宮俱有煞，貪花戀酒禍猶深。平生二限來相會，得意之中卻又沉。

## 定命七論

### 第一論定：論定人殘疾

先看命宮星曜倘落陷加羊陀火鈴劫空及化忌；又看疾厄宮星廟旺陷與吉凶而後可斷。

詩曰：命中羊陀煞守身，火鈴坐照禍非輕。平生若不長年臥，也做駝腰曲背人。

### 第二論定：論定人破相

詩曰：身宮之中逢煞曜，更加三合又逢刑；疾厄擎羊逢耗使，折傷肢體不和平。

## 第三論定：論定人聰明

詩曰：武曲天機天相星，計策偏多性更靈。更若三方昌曲會，一生巧藝有聲名。

## 第四論定：論定人富足

詩曰：太陰入廟有光輝，財入財鄉分外奇。破耗空劫皆不犯，堆金積玉富豪兒。

## 第五論定：論定人貧賤

詩曰：命中吉曜不來臨，火忌羊陀四正侵。若還財福逢空劫，一生暴怒又身貧。

## 第六論定：論定人做盜賊

詩曰：命逢破耗與貪貞，七殺三方照及身。武曲更居遷移位，一生面背刺痕新。

## 第七論定：論定人一生駁雜

詩曰：吉曜相扶凶曜臨，百般巧藝不通亨。若還身命逢惡曜，只做屠牛宰馬人。

# 定富貴貧賤十等論

**福壽論**：如南斗天同天梁坐命，廟旺無凶，主福壽雙全；如北斗武曲破軍貪狼加紫微坐命，亦同。

**聰明論**：如文昌、文曲、天相、天府、武曲、破軍、三台、八座、左輔、右弼三合拱照，主人極聰明。

**威勇論**：如武曲、七殺或火、鈴會擎羊兼得祿權；三方又得紫微、天府及左右拱照。主人威勇。

**文職論**：如文昌、文曲、左輔、右弼、天魁、天鉞坐命旺宮；又得三方四正科祿權拱，主為文官。

**武職論**：如武曲、七殺坐命廟旺，又得三台八座加化權祿及魁鉞併拱，主為武職。

**刑名論**：如擎羊、陀羅、火星、鈴星、武曲、破軍逢吉曜湊合；三方四正無凶不陷主刑名。

**富貴論**：如紫微、天府、天相、太陰、太陽、文昌、文曲、左輔、右弼、天魁、天鉞守照，又三方科祿權拱沖，主大富貴。

**貧賤論**：如擎羊、陀羅、廉貞、七殺、武曲、天空、地劫及忌星三方四正守照拱沖併落陷地，主貧賤。

**疾夭論**：如貪狼、廉貞、擎羊、陀羅、天空、地劫及火鈴與忌星三方守照主疾夭或疾厄及身宮，亦然。

**僧道論**：如天機、天梁、七殺、破軍、地空、地劫併犯帝座紫微；又或耗煞加臨，主為僧道。

# 十二宮諸星得地合格訣

**子安命**：子宮貪狼殺陰星，機梁相拱福興隆。乙丁戊年生人美，一生富貴足豐榮。

**丑安命**：丑宮立命日月朝，丁庚壬人福祿饒。正坐平常中局論，對照富貴禍皆消。

**寅安命**：寅宮巨日足豐隆，七殺天梁百事通。庚辛壬人皆為吉，男子為官女受封。

**卯安命**：卯宮機巨武曲逢，辛乙生人福氣隆。男子當為縻廩祿，女人享福受褒封。

**辰安命**：辰位機梁坐命宮，天府戌地最盈豐。腰金衣紫真榮顯，富華貴耀直到終。

**巳安命**：巳位天機天相臨，紫府朝垣福更深。乙壬丙人皆為貴，一生順遂少災侵。

**午安命**：午位紫府太陽同，機梁破殺喜相逢。庚壬癸年生人福，一世風光廩祿豐。

**未安命**：未宮紫武廉貞同，日月巨門喜相逢。女人值此全福壽，男子逢之位三公。

**申安命**：申宮紫貞梁會同，武曲巨門喜相逢。甲己生人如得遇，一生富貴逞英雄。

**酉安命**：酉宮最喜太陰逢，巨日又逢當面沖。庚辛生人為貴格，一生福祿永亨通。

**戌安命**：戌宮紫微對沖辰，富而不貴有虛名。更加吉曜及祿權，只利開張貿易人。

**亥安命**：亥宮最喜太陰逢，若人值此福祿隆。男女逢之皆稱意，富貴榮華直到終。

# 十二宮諸星失陷破格訣

**子／丑安命**：子宮太陽丑天機，此星皆犯落陷地。縱然化吉非全美，任他富貴不清寧。

**寅安命**：寅宮機月昌曲逢，雖然吉拱不豐隆。男為伴僕女娼婢，若非夭折即貧窮。

**卯／辰安命**：卯宮太陰擎羊逢，辰宮巨宿太陽會。縱然化吉非全美，若再加煞到頭凶。

**巳安命**：巳宮嫌武破廉貪，機月梁殺至此垣。三方吉曜皆不貴，下賤貧窮度歲年。

**午安命**：午宮廉月昌曲同，羊刃三合最嫌沖。雖然化吉居仕路，橫破橫成到老窮。

**未安命**：未宮巨宿太陰嫌，縱少災危有剋傷。勞碌奔波官事擾，隨緣下賤度時光。

**申／酉安命**：申宮機巨為破格，女人浪蕩男人貧。二星若然桃花見，男女逢之總不榮。

**戌安命**：戌上紫破若相逢，天同太陽皆主凶。若還孤寒更夭折，隨緣勤苦終貧窮。

**亥安命**：亥宮貪火天梁同，飄蕩浪子走西東。若然富貴也短促，終為婢僕與貧窮。

## 十二宮諸星得地富貴論

子宮得地太陰星，殺破昌貪武曲榮。丑未紫破及日月，若逢輔弼命當榮。寅宮最喜逢陽巨，七殺同梁文譽清。卯上巨機為貴格，武曲守卯福豐盈。辰戌機梁為小補，戌宮天府累千金。巳亥天機天相貴，午宮紫府梁俱榮。未貞梁丑福非輕。申宮貞巨陰殺美。酉戌亥上太陰停，卯辰巳午陽正照。紫府巨宿巳亥興，亥宮天府天梁吉。紫宮機宿亦中平，七殺子午逢左右，火鈴加之格最奇。廉坐申宮逢輔弼，更加化吉福尤興。

**又論**：

武曲巳亥逢，六甲帥邊庭，貪狼居卯酉，遇火震邊庭。天機坐卯酉，寅月六丁榮。巨卯逢左右，六乙祿最興。巨坐寅申位，偏喜甲庚生。命身逢七殺，輔弼加吉星，辰戌遇三宿，必主位公卿。

## 十二宮諸星失陷貧賤論

丑未巨機為失陷，命值此處福須輕。卯酉不喜逢羊刃，辰戌紫破朝羅網。巳亥貪貞梁陀陷，午宮陰同不堪稱。申宮貪梁為下格，酉逢同相日無精。卯辰巳午逢陰宿，戌亥逢陽亦不榮。貪殺巳亥居陷地，破軍卯酉不為榮，加煞遇劫為奸盜，此是奸邪不必論。貪狼化祿居四墓，縱然遇吉亦中平。命纏弱地休逢忌，空劫擎羊加火鈴，如非夭折即下賤，六畜之命亦如是。旺地發福終遠大，陷地崢嶸到底傾。二論不過五百字，富貴貧賤便得明。

# 定富貴貧賤及雜局

## 定富局

**財印夾命** 武曲及天相守照命宮，又會化祿及祿存，不會煞忌是也，田宅宮亦然。

**日月夾財** 武守命，日月來夾是也，財帛宮亦然。

**財祿夾馬** 馬守命，武祿同宮夾是也，逢生旺尤妙

**祿合田財** 祿存及化祿於田宅宮及財帛宮交流，又不逢空劫煞忌是也。

**日月照壁** 日月臨田宅是也，喜居墓庫。

**金燦光輝** 日月臨田宅是也，喜居墓庫。

## 定貴局

**日月夾命** 太陽及太陰夾命，不坐空亡，遇逢本宮有吉星是也

**日出扶桑** 日在卯守命是也，守官祿宮亦然。

**月落亥宮** 月在亥守命是也，又名月朗天門。

**月生滄海** 月在子宮守田宅，又不逢羊陀火鈴是也。

**輔弼拱主** 紫微守命，二星來拱是也，夾之亦然

**財印夾祿** 祿守命而武曲天相守照，不會煞忌是也。入財宮亦然。

**坐貴向貴** 謂魁鉞坐拱命宮是也。

**七殺朝斗** 見前賦文註解

**明珠出海** 見前賦文註解

**刑囚夾命** 天刑或擎羊同臨或夾制身命是也，主武勇之人。

**貪火相逢** 謂火貪二星同居守照又居廟旺是也。

**府相朝垣** 見前賦文註解

**文星暗拱** 見前賦文註解

**君臣慶會** 紫微左右同守命是也，更會相武殺魁鉞等吉曜尤妙。

**祿馬佩印** 馬前有祿印同宮是也。

**馬頭帶劍** 謂馬有羊刃是也，不是刃居午。

**日月並明** 武守命，日月來夾是也，財帛宮亦然。

**日月同臨** 見前賦文註解

**科權祿拱** 見前賦文註解

**武曲守垣** 武守命，又居卯宮且不會煞忌是也，其餘不是。

**紫府朝垣** 見前賦文註解

**祿權巡逢** 二星廟旺守照命宮是也。

擎羊入廟　辰戌丑未擎羊守命遇吉是也。

巨機居卯　見前賦文註解

明祿暗祿　見前賦文註解

科明暗祿　見前賦文註解

金鑾捧櫛　見前賦文註解

## 定貧賤局

生不逢時　命坐空亡劫逢廉貞是也。

祿逢兩煞　祿落空亡又逢空劫煞星是也。

馬落空亡　馬落空亡劫，雖祿沖亦無用，主奔波。

日月藏輝　日月反背又逢巨暗是也。

財與囚仇　武曲廉貞同守照身命是也。

一生孤貧　謂破守命居陷地，又會煞忌是也。

君子在野　謂四煞守身命又臨陷地是也。

兩重華蓋　身命遇空劫是也。又名浪裏行舟。

## 定雜局

風雲際會 身命雖弱二限逢祿馬是也。

錦上添花 謂限皆惡星而行吉地是也。

祿衰馬困 限逢七殺又祿馬會空亡劫是也。

衣錦還鄉 少年不遂四十後行墓運是也。

步數無依 前限接後限均逢惡曜，連綿不絕是也。

水上駕星 一年好一年不好是也。

吉凶相伴 命星吉凶互見，遇限吉則發，遇限凶則衰。

枯木逢春 謂命衰而限好是也。

紫微斗數 卷一 終

卷一

# 新鐫希夷陳先生紫微斗數全書

## 卷二

## 安身命例

要知與五星大不同

大抵人命俱從寅上起，正月順數至本生月止。又自人生月上起子時，逆至本生時安命；順至本生時安身。假如正月生子時，就在寅宮安命身。丑時逆轉丑安命，順去卯安身。寅時逆轉子安命，順至辰安身。餘宮仿此。又若閏正月生者，要在二月內起安身命，凡有閏月俱要依此為例。納音甲子歌務要熟讀，就如甲生人安命在寅，卻起甲己之年；丙寅首是丙寅丁卯爐中火，卻去火局尋某日生期起紫微帝主。如是正月初一生者，是火局，酉宮有初一日，就從酉宮起紫微，庶無差誤。若錯了，則差之毫釐，失之千里矣。

**安十二宮例**

男女俱從逆轉，切記莫順去。

一命宮　二兄弟　三夫妻　四子女　五財帛　六疾厄

七遷移　八僕役　九官祿　十田宅　十一福德　十二父母

**起五行寅例**

甲己之歲起丙寅，乙庚之歲起戊寅，丙辛之歲起庚寅，丁壬之歲起壬寅，戊癸之歲起甲寅。

**六十花甲納音歌**

甲子乙丑海中金　丙寅丁卯爐中火　戊辰己巳大林木

庚午辛未路傍土　壬申癸酉劍鋒金

甲戌乙亥山頭火　丙子丁丑澗下水　戊寅己卯城頭土

庚辰辛巳白鑞金　壬午癸未楊柳木

甲申乙酉泉中水　丙戌丁亥屋上土　戊子己丑霹靂火

庚寅辛卯松柏木　壬辰癸巳長流水

甲午乙未沙中金　丙申丁酉山下火　戊戌己亥平地木

庚子辛丑壁上土　壬寅癸卯金箔金

甲辰乙巳覆燈火　丙午丁未天河水　戊申己酉大驛土
庚戌辛亥釵釧金　壬子癸丑桑柘木
甲寅乙卯大溪水　丙辰丁巳沙中土　戊午己未天上火
庚申辛酉石榴木　壬戌癸亥大海水

**安南北斗星訣**

紫微天機逆行旁，隔一陽武天同當。又隔二位廉貞地，
空三復見紫微郎。
天府太陰順貪狼，巨門天相及天梁。七殺空三破軍位，
八星順數細推詳。

**安文昌文曲星訣**

論本生時
子時戌上起文昌，逆到生時是貴鄉。文曲數從辰上起，順到生時是本鄉。

註：文昌星從戌上起子時，如人生子時，就在戌宮安之。若丑時，逆至酉宮安之；文曲星從辰上起子時，若人生子時，就在辰宮。若丑時順去，巳宮安之，餘仿此。

### 安左輔右弼星訣

論本生月

左輔正月起於辰，順逢生月是貴方。右弼正月宮尋戌，逆至生月便調停。

註：左輔從辰上起正月順行，如正月生者，就辰宮安之。二月在巳宮；右弼從戌宮起逆轉，如正月便戌宮安之，二月在酉宮，餘仿此。

### 安天魁天鉞訣

論本生年干

甲戊庚牛羊，乙巳鼠猴鄉。六辛逢虎馬，壬癸兔蛇藏。丙丁豬雞位，此是貴人方。

註：二星主科甲，身命若逢之，為金榜題名之客。

### 安天馬星訣

論本生年支

寅午戌人馬居申，申子辰人馬居寅。巳酉丑人馬居亥，亥卯未人馬在巳。

註：如安命在辰戌丑未，遇夫妻宮在寅申巳亥。若得天馬同位或三方照臨，必主男為官女封贈；不然祿馬交馳亦吉。

### 安祿存星訣

論本年干

甲生祿存在寅宮，乙生祿存居卯宮。丙戊在巳，丁己居午。庚祿居申辛祿酉，壬祿在亥癸祿子。

### 安擎羊陀羅二星訣

祿前擎羊後陀羅，夾限逢凶禍患多。歲限逢之俱不利，人生遇此莫蹉跎。

註：此二星隨祿存安之，祿前安擎羊，祿後安陀羅。假如癸祿在子，丑宮安擎羊，亥宮安陀羅，餘仿此。

### 安火鈴二星訣

寅午戌人丑卯方，申子辰人寅戌揚。巳酉丑人卯戌位，亥卯未人酉戌房。

## 安祿權科忌訣

論生年干而化

甲廉破武陽為伴，乙機梁紫陰交侵。丙同機昌廉貞位，丁陰同機巨門尋。

戊貪月弼機為主，己武貪梁曲最平。庚陽武陰同為首，辛巨陽曲昌至臨。

壬梁紫府武宿是，癸破巨陰貪狼停。

如甲生人，廉貞化祿，破軍化權，武曲化科，太陽化忌是也，餘仿此。

## 安地空地劫訣

論本生時

亥上子起順安劫，逆回便是地空鄉。

如子時生者劫空俱在亥宮；若丑時生者劫順在子宮，空逆在戌宮；若午時生者，劫空俱在巳上安，餘宮仿此。

**安天傷天使訣**

命前六位是天傷，命後六位天使當。

順數命前六位是天傷，命後六位是天使。天傷安在僕役宮，天使安在疾厄宮。身與歲限夾在傷使間，謂之加夾地，更加惡曜，多凶。

**安十二宮太歲煞祿神歌訣**

博士力士青龍續，小耗將軍及奏書。蜚廉喜神病符入，大耗伏兵至官府。

吉凶從此分禍福。

要知不拘男女命尋祿存星起陽男陰女順推，陰男陽女逆流行。

博士聰明力士權，青龍喜氣小耗錢。將軍威武奏書福，蜚廉主孤喜神延。

病符對疾耗退祖，伏兵官符口舌纏。生年坐守十二煞，方敢斷人禍福源。

**安天刑天姚星訣**

天刑星從酉上起，正月順至本生月安之；天姚星從丑上起，正月順至本生月安之。

**安三台八座訣**

三台尋左輔，將初一日加在左輔宮，順數至本生日安之；八座尋右弼，將初一日加右弼宮，逆數至本生日安之是也。

**安天哭天虛訣**

論本生年支。

天哭天虛起午宮，午宮起子兩分際。哭逆轉而虛順行，數到生年便安之。以午宮起子，生年地支計數，逆數安哭，順數安虛。如生年地支為丑，則哭在巳，虛在未，餘仿此。

**安龍池鳳閣訣**

論本生年支。

辰上起子順尋龍池，戌上起子逆覓鳳閣。

**安台輔訣**

從午宮起子，順數至本生時安之。

**安封誥訣**

從寅宮起子，順數至本生時安之。

**安長生沐浴歌訣**

即長生、沐浴、冠帶、臨官、帝旺、衰、病、死、墓、絕、胎、養是也。男命順數依序安之，女命逆數依序安之。

火局命寅起長生，木局命亥起長生，土局命申起長生，金局命巳起長生，水局命申起長生。

**安紅鸞天喜訣**

論本生年支。

卯上起子逆數之，數到當生太歲支。坐守此宮紅鸞位，對宮天喜不差移。年少婚姻喜事興，老人必主喪其妻。三十年前為吉曜，五十年後不相宜。

**安四飛星訣**

即喪門、白虎、吊客、官符是也。

太歲前二是喪門，後二宮中吊客存。喪門對面安白虎，吊客對面安官符。

**安斗君訣**

即月將星是也。於流年太歲宮起正月，逆至本生月起子，順數至本生時安斗君。

太歲宮中便起正，逆回數至生月分。本月順起子時位，生時到此安斗君。

**安天德月德解神訣**

天德星由酉上起子，順數至流年太歲上是也；月德星從子上起子，順數至流年太歲上是也；解神從戌上起子，逆數至當生年太歲上是也。

**安飛天三煞訣**

即奏書、將軍、直符是也。

寅午戌年飛入亥卯未宮，申子辰年飛入巳酉丑宮。亥卯未年飛入申子辰宮，巳酉丑年飛入寅午戌宮。

**又曰：**

奏書口舌禍來侵，將軍飛入悔心驚。直符官災總不免，此是流年三煞星。

**安截路空亡訣**

論本生年。

甲己申酉宮，乙庚午未宮，丙辛辰巳宮，丁壬寅卯宮，戊癸子丑宮。

**安旬中空亡訣**

論本生年。如生年自甲子、乙丑至癸酉等十年內生人，俱甲子旬中，則戌亥二宮落空，餘如是。

甲子旬中空戌亥，甲戌旬中空申酉，甲申旬中空午未，甲午旬中空辰巳，甲辰旬中空寅卯，甲寅旬中空子丑。

**安大限訣**

大限從命局數中起算，陽男陰女從命前一宮算第二大限，陰男陽女從命後一宮起第二大限便是。

陽男陰女從命前一宮起算，是父母宮

陰男陽女從命後一宮起算。是兄弟宮

**安小限訣**

不論陰陽男俱順數，女俱逆數。

寅午戌人起辰宮，申子辰人起戌宮。巳酉丑人起未宮，亥卯未人起丑宮。

**安童限訣**

凡小兒不問男女，俱以命宮為一歲，財宮為二歲，疾厄宮為三歲行至六歲官祿宮後順行至本命盤第二大限起始年，始以大人小限論之。

一命二財三疾厄，四妻五福六官祿。餘年一派順流行，十五命宮看端的。

**安命主**

假如午宮安命，尋破軍星即命主也；子宮安命，貪狼星為命主也，餘仿此。

貪狼子宮，巨門亥丑宮，祿存寅戌宮，文曲卯酉宮，破軍午宮，廉貞申辰宮，武曲未巳宮。

**安身主**

子午人為火星，丑未人天相星，寅申人天梁星，辰戌人文昌星，巳亥人天機星，卯酉人天同星。

## 安命金鎖鐵蛇關

陽男陰女從戌上起年，順行至本生年；年上起正月，逆行至本生月；本生月起日，順行至本生日；本生日起子時，逆轉至本生時。陰男陽女亦從戌上起，與陽男陰女算法反之即可。若落於辰戌丑未，謂之犯金鎖鐵蛇關，戌未宮多夭折，丑辰宮小時難養。

陽男陰女戌起子，順數行年月逆推，日又順數時逆轉；陰男陽女亦戌起，逆數行年月順推，日則逆數時順轉，倘落四墓謂金鎖鐵蛇關，戌未多壽夭，丑辰多病傷。

## 安男女竹籮三限訣

竹籮三限即七殺、破軍、貪狼所值之大限是也，倘本命殺破，又值此三星盤據之大小限，又會煞忌及流羊陀且不見吉曜扶持，主傷亡。

命宮若見殺破星，竹籮三限需細詳。限入二星逢凶曜，更兼羊陀忌星擾。三方未見吉星扶，大小限遇入黃泉。

## 安十二宮強弱訣

要知男女不同。

男命：

財帛、官祿、福德、遷移及田宅為強宮，子女、奴僕、兄弟、父母為弱宮。

女命：

夫妻、子女、財帛、田宅及福德為強宮，餘宮皆為弱宮。

## 定十二宮星辰落閑宮訣

閑宮即星不為廟旺之宮是也。

紫微在子辰為閑宮，貪狼在寅申為閑宮，天相在辰戌為閑宮，七殺在辰亥為閑宮，天梁在巳酉為閑宮，天機在巳為閑宮，破軍在巳申為閑宮，武曲在申為閑宮。

## 安流祿流羊流陀訣

以流年天干祿存所值宮位為流祿，前一位為流羊，後一位為流陀。

## 論星辰生剋制化

金入火鄉，火入水鄉，水入土鄉，土入木鄉，俱為受制。

木入火鄉，火入土鄉，土入金鄉，金入水鄉，俱為生旺。

星曜要明生剋制化之機，次看落於何宮。如廉貞屬火在寅宮，乃木鄉能生廉貞之火；若武曲金與廉貞火同度，則武曲為財而無用也，餘仿此。

## 論諸星分屬南北斗並分屬五行訣

**一、中天星曜：**

紫微屬土化帝座為官祿主　　太陽屬火化貴為官祿主

太陰屬水化富為財帛田宅主　　左輔屬土、右弼屬土火化善為助星

**二、北斗星曜：**

祿存屬土司爵化富貴星　　廉貞屬火土化囚在官祿為官祿宮主在身命為次桃花

武曲屬金化財為財帛主　　貪狼屬水木化桃花主禍福

巨門屬土化暗主是非　　破軍屬水化耗司夫妻子女僕役

文曲屬水木主科甲星

**三、南斗星曜：**

天同屬水金化福為福德主　天府屬土化令星為財帛田宅主

天相屬水化印為官祿主　天梁屬土化蔭主壽星

七殺屬火金為將星，遇帝為權。

文昌屬金司科甲，乃文魁之首。

天機屬木化善為兄弟主

以上自紫微至輔弼共一十八星俱南北斗正曜，魁鉞天馬亦是吉星，俱不入正曜。

**四、其餘諸星：**

魁鉞二星屬火　天馬屬火　擎羊屬金北斗浮星化刑

陀羅屬金北斗助星化忌　火星屬火南斗助星

鈴星屬火南斗助星　地空地劫屬火

天傷天使屬水　化祿屬土喜見祿存

化權屬木喜會巨門武曲　化科屬水喜會魁鉞

化忌屬水即計都星　紅鸞天喜屬水

歲君屬火　博士屬水主聰明　力士屬火主權勢

青龍屬水主喜氣　大小耗屬火，小耗錢財大耗退祖

將軍屬木主威猛　奏書屬金主福祿　飛廉屬火主孤

喜神屬火主喜氣　伏兵屬火主口舌　病符主病

官符主官非屬火　喪門木　吊客火　白虎金

**定金木水火土局**

如後

**安紫微天府圖**

如後

**傷使禍福緊慢圖**

如後

**祿權科忌圖**

如後

**十二宮廟旺落陷圖**

如後

紫微金宮四歲行
初一尋亥初二辰
逆退四步安初三
順去一宮定初四
再逆三步尋初五
又進六步安初六
依此規律至三十

金局納音
甲子乙丑海中金
甲午乙未沙中金
壬寅癸卯金箔金
庚辰辛巳白蠟金
庚戌辛亥釵釧金

| | | | |
|---|---|---|---|
| 巳<br>初六 十六 十九 二五 | 午<br>初十 二十 二三 二九 | 未<br>二七 二四 十四 | 申<br>十八 二八 |
| 辰<br>初二 十二 十五 二一 | 金四局 | | 酉<br>二二 |
| 卯<br>十七 十一 初八 | | | 戌<br>二六 |
| 寅<br>初四 初七 十三 | 丑<br>初三 初九 | 子<br>初五 | 亥<br>三十 初一 |

坎水宮中二歲行
初一起丑二三寅
順行一步安四五
依此規律至三十

水局納音
丙子丁丑澗下水
丙午丁未天河水
甲申乙酉泉中水
甲寅乙卯大溪水
壬辰癸巳長流水
壬戌癸亥大海水

| | | | |
|---|---|---|---|
| 巳<br>初八 初九 | 午<br>初十 十一 | 未<br>十二 十三 | 申<br>十四 十五 |
| 辰<br>三十 初六 初七 | 水二局 | | 酉<br>十七 十六 |
| 卯<br>初四 初五 二八 二九 | | | 戌<br>十九 十八 |
| 寅<br>初二 初三 二六 二七 | 丑<br>二五 初一 二四 | 子<br>二三 二二 | 亥<br>二一 二十 |

離火宮中六歲知
初一居酉初二午
順去六步是初三
再順六步是初四
逆行四位初五現
前進一位便初六
逆行五宮是初七
再逆四步便初八
依此規律至三十

火局納音
丙寅丁卯爐中火
丙申丁酉山下火
甲戌乙亥山頭火
甲辰乙巳覆燈火
戊子己丑霹靂火
戊午己未天上火

| | | | |
|---|---|---|---|
| 巳<br>二九 二四 初十 | 午<br>三十 十六 初二 | 未<br>二二 初八 | 申<br>二八 十四 |
| 辰<br>二三 十八 初四 | 火六局 | | 酉<br>二十 初一 |
| 卯<br>二七 十七 十二 | | | 戌<br>二六 初七 |
| 寅<br>二一 十一 初六 | 丑<br>二五 十五 初五 | 子<br>十九 初九 | 亥<br>十三 初三 |

生逢木宮三歲遊
一辰二丑初三寅
再順四步安初四
逆行四步起初五
順進一宮安初六
依此規律至三十

木局納音
戊辰己巳大林木
戊戌己亥平地木
壬午癸未楊柳木
壬子癸丑桑拓木
庚寅辛卯松柏木
庚申辛酉石榴木

| | | | |
|---|---|---|---|
| 巳<br>十四 十二 初四 | 午<br>十七 十五 初七 | 未<br>二十 十八 初十 | 申<br>二三 二一 十三 |
| 辰<br>初一 初九 十一 | 木三局 | | 酉<br>十六 二六 二四 |
| 卯<br>初八 初六 | | | 戌<br>二九 二七 十九 |
| 寅<br>初五 初三 | 丑<br>二八 初二 | 子<br>二五 | 亥<br>三十 二二 |

戊土五歲居其中
初一午上初二亥
順行六宮安初三
逆退四步尋初四
前行一宮便初五
再進六宮為初六
順行六宮得初七
依此規律至三十

木局納音
庚午辛未路傍土
庚子辛丑壁上土
戊寅己卯城頭土
戊申己酉大驛土
丙戌丁亥屋上土
戊辰己巳沙中土

| 巳 | 午 | 未 | 申 |
|---|---|---|---|
| 初八 二十 二四 | 初一 十三 二五 二九 | 初六 十八 三十 | 十一 二三 |
| **辰** 初三 十五 十九 二七 | 土五局 | | **酉** 十六 二八 |
| **卯** 初十 十四 二二 | | | **戌** 二一 |
| **寅** 初五 初九 十七 | **丑** 初四 十二 | **子** 初七 | **亥** 初二 二六 |

安紫微天府圖

天府唯寅申二宮與紫微同宮，餘宮俱各填斜作對，如紫居丑則府居卯矣。

| 巳 | 午 | 未 | 申 |
|---|---|---|---|
| 紫 | 紫 | 紫 | 紫府同宮 |
| **辰** 紫 | | | **酉** 府 |
| **卯** 紫 | | | **戌** 府 |
| **寅** 紫府同宮 | **丑** 府 | **子** 府 | **亥** 府 |

傷使禍福慢圖

歲限為災之局，凡歲限行到此星必死。如有救始不妨也。

| | | | |
|---|---|---|---|
| 六丙生人如寅一樣 | 天傷禍緊若身合災 | 天傷禍緊 | 六庚生人怕者如寅一樣 |
| 天傷禍緊 | 天傷:辰卯午未禍緊<br>天使:丑卯辰酉戌宮禍緊<br>傷使:寅申巳亥禍緊 | | 天使禍緊 |
| 天傷禍緊 | | | 天使禍緊會煞且太歲臨此災厄 |
| 六甲生人不宜到此怕傷使太歲相沖 | 天使禍緊 | 天傷二限逢，命主星弱，太歲沖之，必死。 | 限至此宮大宜 |

科　祿　權　忌

| | | | |
|---|---|---|---|
| 科祿福慢忌星凶 | 科星得地祿不得地忌星凶 | 科權福慢怕煞為禍忌無用 | 科祿得地權忌不得地 |
| 科祿福重沖煞為災忌無用 | | | 科祿不得地權忌不得地 |
| 科權喜怕煞湊合忌星得地 | | | 科權福祿厚怕煞沖忌星重 |
| 科權福祿慢有煞破財忌星不吉 | 科權福祿緊不怕煞忌星不忌 | 祿權不得地忌星不凶 | 忌星不宜 |

| 亥 | 戌 | 酉 | 申 | 未 | 午 | 巳 | 辰 | 卯 | 寅 | 丑 | 子 | 十二宮／曜度 |
| --- | --- | --- | --- | --- | --- | --- | --- | --- | --- | --- | --- | --- |
| 同陰 | 武府貪梁殺羊陀火鈴 | 巨昌曲 | 廉巨相梁殺 | 紫武府貪梁殺羊陀 | 紫機陽相梁破火鈴 | 同昌曲 | 武府貪梁殺羊陀 | 陽巨梁 | 陽廉府巨相梁殺火鈴 | 紫武府陰貪相梁殺昌曲羊陀 | 機府陰相梁破 | 廟 |
| 紫巨曲 | 陰破 | 紫機府陰殺 | 紫同 | 破曲 | 武府貪巨殺 | 紫陽巨 | 陽破 | 紫機殺曲 | 紫陰 | 破 | 武同貪巨殺 | 旺 |
| 府相 | 紫相 | 梁火鈴 | 機陽武府破昌曲 | 陽相 | | 府相火鈴 | 紫相昌曲 | 府 | 機武破 | 火鈴 | 昌曲 | 得地 |
| 昌火鈴 | 機廉 | 武貪 | 陰 | 廉昌火鈴 | | | 機廉 | 武貪昌火鈴 | 同 | 廉 | | 利益 |
| 機武殺破 | 同巨 | 陽同廉 | 貪 | | 廉 | 機武殺破 | 同巨 | 同廉 | 貪曲 | | 紫廉 | 和平 |
| | | | | 陰同巨 | | | | | | 陽同巨 | | 不得地 |
| 陽廉貪梁陀 | 陽昌曲 | 相破羊 | 陀火鈴 | 機 | 同陰昌曲羊 | 廉陰貪梁陀 | 陰火鈴 | 陰相破羊 | 昌陀 | 機 | 陽羊火鈴 | 陷 |

# 論星曜入十二宮吉凶訣

## 一、論命宮訣

**紫微入命宮論：**

紫微屬土為帝座化官祿主。紫微入命宮，主人面紫色或白清，腰背肥滿，為人忠厚老成，謙恭耿直。其威可制七殺降火鈴。若與天府、左輔、右弼、文昌、文曲、日、月、祿、馬三合，極吉。為官食祿千鍾，巨富且大貴。與祿存同奇特。倘不入廟又無左右，則為孤君。宜僧道清閑。如與破軍同為胥吏，與羊陀火鈴沖合，倘吉多亦發財，常庶人吉。女命會吉，清秀且旺夫益子。

**又曰：**

子宮平午宮入廟，卯酉旺宮貪狼同，巳亥旺宮七殺同，甲乙戊己庚生人貴格，丙壬癸生人富貴不耐久；寅申旺宮天府同，甲乙己庚生人貴格；辰戌宮得地天相同，甲乙己庚癸生人貴格；丑未宮入廟破軍同，甲乙戊己庚生人貴格。

**紫微入男命吉凶訣**

**歌曰**：紫微中天第一星，命身相遇福財興。若逢左右宮中會，富貴雙全播令名。

**又曰**：紫微守命最為良，二煞逢之壽不長。羊陀火鈴來相會，只好空門禮梵王。

**又曰**：紫微辰戌遇破軍，為臣失義不相應。若逢貪狼在卯酉，富而不貴有虛名

**又曰**：火鈴羊陀來相會，七殺同宮多不貴。欺人孤獨更刑傷，若是空門為吉利。

**紫微入女命吉凶訣**

**歌曰**：紫微女命守身宮，天府尊星同到宮。更得吉星同主照，金冠封贈福滔滔。

**又曰**：紫微女命守夫宮，三方吉拱便為榮。若逢殺破來沖照，衣祿盈餘淫巧容。

**紫微入限吉凶訣**

**歌曰**：紫微垣內吉星臨，二限相逢福祿興。常人得遇多財富，官貴逢之職位陞。

**又曰**：紫微入限本為祥，只恐三方殺破狼。常庶逢之多不利，官員降謫有驚傷。

**天機入命宮論**

天機屬木，南斗化善星，為兄弟主。入廟身長肥胖，性急心慈，機謀多變。與天梁會合，善談兵。丙壬癸生人遇之，入廟化吉兼得左右、昌曲、魁鉞及太陰湊合，生於子午卯酉寅申宮，權柄不小，文武皆主大貴極品。若加巨門羊火陀忌，於丑未為下局，孤窮論之，縱有財官，貴顯亦不耐久，只宜經商巧藝之輩爾。女命入廟性剛機巧，有權柄持家，助夫益子。若與天梁太陰巨門見，又逢羊火忌沖合，淫賤，偏房娼婢之論，否則傷夫剋子。

子午宮入廟，丙己辛壬生人財官格。卯酉宮旺地，乙丙辛癸生人財官格。寅申宮得地太陰同，丙丁戊己壬生人財官格。巳亥宮和平丙辛癸生人財官格。辰戌宮利益天梁同，丙丁己壬癸生人為福。丑未宮陷地，乙丙己辛壬癸生人合格。

**天機入男命吉凶訣**

**歌曰**：機月天梁合太陰，常人富足置田庄。官員得遇科祿權，職位高遷面帝王。

又曰：天機化忌落閒宮，縱有財官亦不終。退進家財兼壽夭，飄蓬僧道在山中。

### 天機入女命吉凶訣

歌曰：天機女命吉星扶，作事操持過丈夫。祿權宮中逢守照，榮膺誥命大富貴。

又曰：天機星與太陰同，女命逢之必巧容。衣祿豐饒終不美，為娼為妾主淫風。

### 天機入限吉凶訣

歌曰：男女二限值天機，祿主科權大有為。出入經營多遇貴，發財發福少人知。

又曰：天機照限不安寧，家事紛紛外事多。更遇羊陀併巨暗，須知此歲入南柯。

### 太陽入命宮論

太陽化貴為官祿主，入廟則形貌堂堂，身型雄壯，面方圓滿。夜生為陷，日生為廟。其人心慈面紫色，好施濟貧。若會左右昌曲魁鉞太陰祿存守照官祿，財官昭著，極品之論，文武皆宜之。身逢太陽又有吉聚，貴人門下客，否則公卿走卒。六庚生人，命坐卯宮為第一廟所，六辛次之。命在亥子生人，下局論之；夭壽貧窮，雖發不久。此曜居廟旺終身富貴，若居陷地，縱化權祿也凶，官祿不顯，先勤後懶，成敗不一，出外離祖可吉。羊陀沖破又陷，下局論之，橫發橫破不耐久；若經商巧藝，辛苦勞力，則禍輕延生矣。加凶煞帶疾，陷地化忌多目疾。女命入廟，旺夫益子。若居陷地又見羊陀火鈴忌劫，貧賤殘疾。此曜居廟旺，為貞潔之婦，僧道亦清潔。

子宮陷午宮旺，乙己庚辛壬癸生人財官格，甲丁生人悔吝。卯宮廟酉平和，丑宮不得地未得地，丁戊己庚辛壬癸生人財官格，甲乙人困；辰宮旺戌宮陷，戊庚辛癸生人貴，甲乙丁生人悔吝；寅宮旺申得地，庚辛癸生人貴，甲丁人困；巳宮旺亥宮陷，戊己庚辛壬癸生人貴，甲乙丁人困。

### 太陽入男命吉凶訣

**歌曰**：命裡陽逢福壽濃，更兼祿權兩相逢，魁昌左右來相湊，富貴雙全比石崇。

**又曰**：日月丑未命中逢，三方無化福難豐。縱有吉星終不美，若逢煞湊一生窮。

**又曰**：失陷太陽居反背，化忌逢之多蹇昧。又遭橫事破家財，命強化祿方無害。

**太陽入女命吉凶訣**

**歌曰**：太陽正照婦人身，姿貌殊常性格貞。更得吉星同主照，金冠封贈作夫人。

**又曰**：太陽安命有奇能，陷地須防惡煞凌。做事沉吟多進退，辛勤度日免家傾。

**又曰**：太陽反背主心忙，衣祿平常壽不長。剋過良人還剋子，只宜蔭下做偏房。

**太陽入限吉凶訣**

**歌曰**：二限最宜見太陽，添財興業福非常。婚姻和合添嗣續，仕者高遷坐廟堂。

**又曰**：太陽守限吉不見，陷地需防惡煞臨。加忌逢凶多阻滯，橫事破財家伶仃。

**武曲入命宮論**

武曲金化財為財帛主。性剛果決，心直無毒。形小聲高而量大，有毛髮之異。最喜甲己庚生人，福厚。入廟與昌曲同行，則出將入相，武職最旺；文人多學多能，會貪遇火化吉為上格，甲己戊生人上格斷。府相祿馬會主貴，陷地巧藝之人及僧道。更遇廉貞破軍羊忌空劫沖破，下局，破祖敗家。女命入廟權貴，陷地值煞孤單，刑夫剋子且不正。

子午宮旺地天府同，甲乙己庚生人財官格；寅申宮得地天相同，甲乙己庚壬癸生人貴；巳亥宮和平破軍同，卯酉宮利益與七殺同，丑未宮入廟貪狼同，辰戌宮入廟，甲乙戊己庚生人財官格。

**武曲入男命吉凶訣**

**歌曰**：武曲守命化為權，吉曜來臨福壽全。志氣崢嶸多出眾，超凡入聖眾人前。

**又曰**：武曲之星守命宮，吉星守照始昌榮。若加耗煞來衝破，任是財多畢竟空。

**武曲入女命吉凶訣**

**歌曰**：女人武曲命中逢，天府加之志氣雄。左右祿來相聚逢，雙全富貴美無窮。

**又曰**：將星一宿最剛強，女命逢之性異常。衣祿滔滔終有破，不然壽夭主凶亡。

**武曲入限吉凶訣**

**歌曰**：大小限逢武曲星，若還入廟主財興。更加文昌臨左右，福祿雙全得稱心。

**又曰**：武曲臨限化權星，最利求謀事有成。更遇吉星同會合，文人名顯庶人興。

**又曰**：武曲之星主官人，公吏逢之刑杖來。常庶逢之還負債，官員值此有驚懷。

**天同入命宮論**

天同屬水金，化福為福德主。天同入廟，肥滿清明，仁慈耿直。與天梁左右嘉會，丙生人於巳亥酉宮安命，財官雙美，福非小可。未宮次之。午為陷宮，丁生人宜之。若在亥地，丁戊庚生人下局。更遇羊陀鈴忌沖合，則孤單破相且目有疾。

子宮旺午宮陷，丙丁己壬癸生人財官格；卯酉宮平和，丙辛癸生人財官格；寅宮利申宮旺天梁同，丙丁己壬癸生人財官格；巳亥宮入廟，丙丁己壬癸生人財官格；辰戌平和，丙己辛癸生人利達，丁乙戊庚福不耐久；丑未宮不得地巨門同，乙丙辛生人財官格。

**天同入男命吉凶訣**

**歌曰**：天同坐命性溫良，福祿悠悠壽更長。若是福人居廟旺，定教食祿譽傳揚。

**又曰**：天同若與吉星逢，性格聰明百事通。男子定然食天祿，女人樂守繡房中。

**又曰**：天同守命落閑宮，火陀殺合更為凶。天機梁月來相會，只好空門度歲中。

## 天同入女命吉凶訣

**歌曰**：天同守命婦人身，性格聰明伶俐人。昌曲更來相處會，悠悠財祿自天生。

**又曰**：天同若與太陰同，女命逢之淫巧容。衣祿雖豐終不美，偏房侍妾與人通。

## 天同入限吉凶訣

**歌曰**：人生二限值天同，喜氣盈門萬事榮。財祿增添宜創造，從今家道得豐隆。

**又曰**：流年二限值天同，陷地須防惡煞沖。做事縱順終不美，惟防官破及家傾。

## 廉貞入命宮論

廉貞屬火土，為次桃花，化為囚星。為官祿主。為人身長體壯，眼露神光，眉毛中大，顴骨亦露。性硬浮盪，好忿爭。入廟武職貴顯，遇府相左右，有化祿權同則富貴。與昌曲七殺同立武功；與擎羊同主是非時有，破軍火鈴同，狗倖狼心。巳亥陷宮，棄祖孤單，巧藝僧道軍旅之流。六甲生人命坐寅申者，上格；己庚人次之。六丙人坐子午卯酉宮，橫發橫破不耐久。六甲生人坐四墓宮，財官格論，若丙壬生人，招非有成敗。若與昌曲忌星同在巳亥宮，六丙生人有禍，六甲人亦不宜。甲己戊生人，在未申宮化祿逢吉，富貴必矣。若在諸宮逢羊陀火忌沖破，主殘疾。女人三合吉拱，主封贈。雖惡煞沖不為下局。若入廟逢化祿，性情剛烈，機巧清秀，旺夫益子。僧道逢吉拱有師號。此星最喜天相同，能化其惡也。

子午宮和平天相同，甲乙己庚癸生人財官格；卯酉宮和平，甲乙己庚生人財官格；寅申宮入廟，甲乙戊己庚生人為貴格；丑未宮利益七殺同，加吉星財官格；辰戌宮利益天府同，甲乙己庚生人財官格；巳亥宮陷地，甲乙戊己庚生人貴，丙壬癸人福不耐久。

### 廉貞入男命吉凶訣

**歌曰**：廉貞守命亦非常，賦性巍巍志氣強。革故鼎新官大貴，為官清顯名譽揚。

**又曰**：廉貞坐命入閑宮，貪破擎羊火鈴中。縱有財官終不美，平生何以得從容。

**又曰**：廉貞落陷入閑宮，吉曜相逢也有凶。腰足災殘難脫厄，更加惡煞命該終。

## 廉貞入女命吉凶訣

**歌曰**：女人身命值廉貞，內政清廉格局新。諸吉拱照無煞破，定教封贈在青春。

**又曰**：廉貞貪破曲相逢，陀火交加極賤傭。定主刑夫並剋子，只好通房為娼婢。

## 廉貞入限吉凶訣

**歌曰**：廉貞入限旺宮臨，喜逢吉曜福駢臻。財物自然多蓄積，仕人得意位高陞。

**又曰**：大小二限遇廉貞，更有天刑忌刃侵。膿血刑災逃不得，破軍貪殺入幽冥。

## 天府入命宮論

天府土化令星為財帛主。其人面方圓，容紅齒白，心性溫和。聰明清秀，多學機變，能解一切厄。喜紫微昌曲左右祿存魁鉞權祿會又居廟旺，必中高第。羊陀火鈴會，奸謀好詐。命坐寅午戌卯宮，六己生人貴。若於卯酉上安命，壬生人不貴；先大後小，有始無終。女命清白機巧，旺夫益子。遇紫微左右同垣會照極美，作命婦。

子宮廟午宮旺與武曲同，寅入廟申得地，辰戌宮入廟廉貞同，甲乙己庚生人為福，財官格；卯得地酉宮旺，己庚生人財官格；丑未入廟加吉星，財官格。巳亥宮得地，乙壬生人財官格。

**天府入男命吉凶訣**

**歌曰**：天府之星守命宮，加之祿權喜相逢。魁昌左右來相會，附鳳扳龍上九重。

**又曰**：火鈴羊陀三方會，為人奸詐多勞碌。空劫同垣不為佳，只在空門也享福。

**天府入女命吉凶訣**

**歌曰**：女人天府命身宮，性格聰明花樣容。更得紫微三合照，金冠霞帔受皇封。

**又曰**：火鈴羊陀來沖會，性格庸常多晦滯。六親相背子難招，只好空門為女尼。

**天府入限吉凶訣**

**歌曰**：限臨天府能司祿，士庶逢之多發福。添財進喜永無災，且也潤身並潤屋。

**又曰**：南斗尊星入限來，所為謀事稱心懷。若還又化科祿權，指日欣然展大才。

**太陰入命宮論**

太陰水，化氣為富，又稱母宿或妻星，為田宅主。太陰入命，面方圓，心性溫和，清秀耿直。聰明伶俐，文章博學，橫立功名。居於陷地，身若逢之，縱化吉科祿權會照反凶，宜隨娘繼拜或出外離祖可吉也。更遇羊陀火鈴，酒色邪淫，下賤夭折。最喜六壬生人在亥卯未宮立命，合局。丁庚壬生人亥宮立命，上格；六己生人次之；六癸合格。女命會太陽入廟，為封贈夫人，若限地，傷夫剋子妾妓之輩。

子宮廟午宮陷，寅宮旺申利益，丙丁己壬癸生人財官格；卯宮陷酉宮旺，丙丁戊己辛壬癸生人財官格；

辰宮陷戌宮旺，丙丁己辛壬癸生人貴；丑宮廟未宮不得地，丁戊己庚辛壬癸生人貴；巳宮陷亥宮廟，丙丁己庚辛壬癸財官格。

**太陰入男命吉凶訣**

**歌曰**：太陰原是水之精，身命逢之福自生。酉戌亥垣為得地，光輝揚顯姓名亨。

**又曰**：太陰入廟化權星，清秀聰明上等人。稟性溫良恭儉讓，為官清顯列朝紳。

**又曰**：寅上機昌曲月逢，縱然吉拱不豐隆。男為僕從女為娼，加煞沖會到老窮。

**又曰**：太陰陷地惡星中，陀火相逢定窮困。此命只宜僧與道，空門出入得從容。

**太陰入女命吉凶訣**

**歌曰**：月會同陽在命宮，三方吉拱必盈豐。不見凶煞來沖會，富貴雙全保到終。

**又曰**：太陰陷在命與身，不喜三方惡煞侵。剋害夫君又夭壽，更虛血氣少精神。

**太陰入限吉凶訣**

**歌曰**：太陰星曜限中逢，財祿豐盈百事通。嫁娶親迎添嗣續，常人得此旺門風。

**又曰**：二限偏宜見太陰，添進財屋福非輕。火鈴若也來相湊，未免官災病患臨。

**又曰**：限至太陰居反背，不喜羊陀諸煞會。火鈴二限最為凶，若非官災即破悔。

**貪狼入命宮論**

貪狼屬水木，化桃花主禍福。貪狼入廟，長聳肥胖，陷宮形小聲高音量大。性格不常，心多計較。做事躁急不耐靜，作巧成拙。好賭博花酒，陷地加羊陀忌星，則孤貧、破相、殘疾且有斑痕或疤痣。入廟遇火鈴多居武藝之中，喜戊己生人合局；不喜六癸生人，富貴不耐久長。女命平常，若居陷地，傷夫剋子且不正。多為娼婢，僧道亦不清潔。

子午宮旺地，甲乙戊己壬生人福厚，癸生人下局。卯酉宮利益紫微同，見火星貴。甲乙戊己庚生人宜，財官格。寅申宮和平，甲戊己生人財官格。丑未宮入廟武曲同，見火星貴，甲乙戊己庚生人財官格。辰戌入廟，甲戊己庚生人財官格。巳亥宮陷廉貞同，甲乙戊己庚為福，丙壬癸生人不耐久。

**貪狼入男命吉凶訣**

**歌曰**：四墓宮中福氣濃，提兵指日立邊功。火星拱會誠為貴，名震諸夷定有封。

**又曰**：貪狼守命逢羊刃，陀煞交加必窮困。武破廉貞同煞劫，百藝隨身度歲終。

又曰：四墓貪狼廟旺宮，加臨左右富財翁。若然再化科權祿，文武才能顯大功。

## 貪狼入女命吉凶訣

歌曰：四墓宮中多吉利，更逢左右方為貴。祿財豐富旺夫君，性格剛強多志氣。

又曰：貪狼陷地女非祥，衣食雖豐也不良。剋害良人并子女，又教衾枕守孤孀。

## 貪狼入限吉凶訣

歌曰：北斗貪狼入限來，若還入廟事和諧。科權仕路多成就，必主當年發橫財。

又曰：貪狼主限四墓臨，更喜其人四墓生。若見火星多橫發，自然富貴冠鄉鄰。

又曰：限至貪狼陷不良，只宜節慾息災傷。賭盪風流去財寶，吉曜三方可免災。

又曰：女限貪狼事不良，宜懷六甲免災殃。若無吉曜來相會，須知一命入泉鄉。

## 巨門入命宮論

巨門屬土，化暗主是非。入廟身長肥胖，敦厚清秀。不入廟五短瘦小，作事進退多疑惑，多學少精；與人寡合，多是多非，奔波勞碌。喜左右祿存，六癸六辛生人坐子卯合局；六庚六丁生人，辰戌安命，卻不富貴；子午宮安命，丁戊生人孤寡夭折；六甲生人而擎羊同入廟在卯宮者，破局論；在子午宮於身命，為石中隱玉格，更會祿權科福厚。會破忌羊陀，若不夭折，男盜女娼。女命入廟，六癸六辛生人享福陷地傷剋夫子。丁人遇極淫。此星在女命，多有瑕玷。

子午宮旺地乙丙庚辛癸生人福厚，甲丁戊生人主困；卯酉宮入廟，乙丙辛癸生人財官格，丁戊庚生人有成敗；寅申宮入廟太陽同，庚辛癸生人財官格；辰戌宮和平，丙辛癸生人貴，甲丁庚生人困；丑未不得地，乙丙辛癸生人財官格；巳亥旺宮，乙丙辛癸生人財官格。

**巨門入男命吉凶訣**

**歌曰**：巨門子午二宮逢，局中得遇以為榮。三合化吉科祿權，官高極品衣紫袍。

**又曰**：此星化暗不宜逢，更會凶星愈肆凶。唇齒有傷兼性猛，若然入廟可和平。

**又曰**：巨門守命遇擎羊，鈴火逢之事不祥。為人性急多顛倒，百事茫茫亂主張。

**巨門入女命吉凶訣**

**歌曰**：巨門旺地多生吉，左右加臨壽更長。女人得此誠為貴，簾捲珍珠坐繡房。

**又曰**：巨門命陷主淫娼，侍女偏房始免殃。相貌清奇多近寵，不然夭壽主凶亡。

**巨門入限吉凶訣**

**歌曰**：巨門主限化權星，最喜求謀大事成。雖有官災并口舌，仍為吉兆得安寧。

**又曰**：巨門入限使人愁，若遇官符事不周。士庶逢之多惹訟，居官失職或添憂。

**又曰**：巨門陷限最乖張，無事官非鬧一場。哭泣喪連終不免，破財嘔氣受淒涼。

**天相入命宮論**

天相屬水，化印為官祿主。為人相貌敦厚持重，清白好酒食，衣祿豐足。紫府左右昌曲嘉會，財官雙美，位至三公。與武破羊陀同行，則為巧藝。更加火鈴，則傷刑不善終；又天相能化廉貞之惡。女命入廟，溫和且衣祿遂心；僧道亦吉。

子午宮入廟廉貞同，辰戌宮得地紫微同，寅申宮入廟武曲同，甲乙己庚壬癸生人財官格；卯酉陷宮，甲壬癸生人吉，丙生人主困；丑宮入廟，未宮得地加吉星財官格；巳亥宮得地，甲己庚壬癸生人為福。

**天相入男命吉凶訣**

**歌曰**：天相星為官祿主，照守身命喜無垠。為官必主居元宰，三合相逢福不輕。

**又曰**：天相吉星入命宮，必定斯人多克己。財官祿主旺家資，權壓當時誰不美？

**又曰**：天相之星破武同，羊陀火鈴更為凶。或做技術經商輩，若在空門享福隆。

**天相入女命吉凶訣**

**歌曰**：女人之命天相星，性格聰明百事寧。衣祿豐盈財帛足，旺夫貴子顯門庭。

**又曰**：破軍武曲來相會，羊陀火鈴最所忌。孤刑剋害六親無，只可偏房與侍婢。

**天相入限吉凶訣**

**歌曰**：天相之星主有財，照臨二限係無災。動作謀為皆遂意，優游享福自然來。

**又曰**：天相之星有幾般，三方不喜惡星纏。羊陀空劫來相會，口舌官災禍亦連。

**又曰**：限臨天相遇擎羊，做禍興殃不可當。更有火鈴諸煞湊，須教一命入泉鄉。

**天梁人命宮論**

天梁屬土，化蔭主壽星。為人厚重清秀，聰明耿直。心無私曲，好施濟貧，入命主有壽。與天機同行則居翰苑喜談兵。左右昌曲嘉會，則出將入相。要入廟，方可以富貴論。陷地遇火羊破局，下賤孤寡夭折論之。逢天機耗煞，宜清閑僧道，唯仍受王家制誥。六壬生人亥卯未上安命者，富貴雙全。女命有男子之志，入廟富貴；陷地加煞，傷剋夫子又淫賤。

子午宮入廟，丙丁己辛壬癸生人福厚；卯宮入廟酉宮得地太陽同，丁戊己庚辛壬癸生人財官格；寅申宮入廟天同在，丙丁己壬癸生人財官格；辰戌宮入廟天機同，丙丁己壬癸生人財官格；丑未入廟，丙己辛壬癸財官格，六丁六庚生人大貴。巳亥宮落陷，丙丁戊己壬癸生人財官格，甲乙庚悔吝。

**天梁入男命吉凶訣**

**歌曰**：天梁之曜數中強，形神穩重性溫良。左右昌曲來會合，管教富貴列朝綱。

**又曰**：天梁星宿壽星逢，機日文昌左右同。子午寅申為入廟，官資清顯至三公。

**又曰**：天梁遇火落閑宮，陀煞重逢更是凶。孤刑帶疾破家財，空門技藝可營生。

**天梁入女命吉凶訣**

**歌曰**：辰戌機梁非小補，破軍卯酉不為良。女人得此為孤獨，剋子刑夫守冷房。

**天梁入限吉凶訣**

**歌曰**：天梁化蔭吉星合，二限逢之福必多。若加吉曜逢廟地，貴極一品輔山河。

**又曰**：限至天梁最是良，猶如秋菊吐馨香。加官進職迎新祿，常庶逢之也足糧。

**又曰**：天梁守限壽延長，做事求謀更吉昌。若遇火鈴羊陀合，需防災厄與家亡。

**七殺入命宮論**

七殺屬火金，為將星遇帝為權，餘宮皆為煞。其形目大，性急不常，喜怒不一，做事進退沉吟。廟旺有謀略，遇紫微掌生殺之權，武職最利。加左右昌曲魁鉞會合，位至極品。落空亡則無威力；遇凶曜於生鄉，定為屠宰；會刑囚則傷剋。安命寅亥子午宮，戊己生人合局；辰宮，六甲生人吉；若坐子午寅申，卻不喜癸生人，六甲六己生人中平。羊陀火鈴沖會，又在陷地，殘疾下局論，雖富貴亦不久矣。女人入廟加權祿，旺夫益子。陷地遇羊陀火忌，則傷剋下賤。

子午宮旺地，甲戊己庚生人財官格；卯酉宮旺地武曲同，巳亥宮和平紫微同，丑未入廟廉貞同，甲乙戊己庚生人財官格；寅申宮入廟，甲乙戊己壬生人財官格；辰戌宮入廟，甲戊己壬生人財官格。

**七殺入男命吉凶訣**

**歌曰**：七殺寅申子午宮，諸夷拱手服英雄。魁鉞左右文昌會，科祿名高食萬鍾。

**又曰**：殺居陷地不堪言，凶禍猶如抱虎眠。若是煞強無制伏，少年惡死在黃泉。

**又曰**：七殺坐命落閑宮，巨宿羊陀更照沖。若不傷肢必損骨，空門僧道可興隆。

**七殺入女命吉凶訣**

**歌曰**：女命愁逢七殺星，平生作事果聰明。氣高志大無男女，不免刑夫歷苦辛。

**又曰**：七殺孤星貪宿逢，火陀湊和非為貴。女人得此性不良，只好偏房為使婢。

**七殺入限吉凶訣**

**歌曰**：二限雖然逢七殺，從容和緩家道發。對宮天府正來朝，仕宦逢之名顯達。

**又曰**：七殺之星入限中，做事艱難俱有失。更加惡曜在其中，主有官災多疾病。

**破軍入命宮論**

破軍屬水，化耗星，其形五短，背厚眉寬腰斜；性剛寡合，爭強棄祖，好搏禽捕獵。喜紫微有威權，天梁天府能制其惡。文曲一生貧士，更入水鄉，主殘疾，雖富不久。六甲生人坐子午宮者，位至三公；若丙癸生人坐子午，則孤單殘疾，雖富貴不久矣。甲戊己生人坐辰戌丑未，逢紫微，富貴不小；遇廉貞羊陀火鈴於陷宮，爭鬥疾病，僧道宜之。女人子午入廟有疾病，陷地加煞，下賤淫慾。

子午宮入廟，甲戊己生人福厚，丙癸生人不耐久；寅申宮得地，甲己庚戊生人財官格；辰戌旺宮，甲乙戊己壬生人為福；卯酉宮陷地廉貞同，巳亥和平武曲同，丑未旺地紫微同，甲乙戊己庚生人福厚。

**破軍入男命吉凶訣**

**歌曰**：破軍七殺與貪狼，入廟英雄不可當。武人逢之成上將，庶人富足置田庄。

**又曰**：破軍子午會文昌，左右雙雙入廟廊。財帛豐盈多慷慨，祿官昭著佐君王。

**又曰**：破軍一曜最難當，化祿科權喜非常。若還陷地又加煞，破祖離宗出遠鄉。

**又曰**：破軍不喜在身宮，羊陀火鈴廉貞凶。不見傷殘即壽夭，只宜僧道度平生。

**破軍入女命吉凶訣**

**歌曰**：破軍子午為入廟，女命逢之福壽昌。性格有能偏出眾，旺夫益子姓名香。

**又曰**：破軍女命不宜逢，擎羊加陷便為凶。剋害良人非一次，須教悲哭度朝昏。

### 破軍入限吉凶訣

**歌曰**：破軍入限要推詳，廟地方知福祿昌。更遇文昌同魁鉞，限臨此地極風光。

**又曰**：破軍入限細推詳，廟地無凶少損傷。煞湊破軍防破耗，更防妻子自身亡。

**又曰**：破軍主限多膿血，失脫乖張不可說。更值女人主孝服，血光產難多災殃。

### 文昌入命宮論

文昌屬金，乃文魁星，眉目清秀分明，機巧且多學多能。會陽梁祿存，財官昭著。富貴先難後易，陷地加羊火，巧藝之人。陷地獨守加七殺，又逢擎羊陀鈴等煞，帶疾方可延壽。旺有暗痣，陷有斑痕。女命入廟平常。加吉曜富貴；陷地遇火羊煞忌，則下賤淫娼使婢。

寅午戌宮陷地，申子辰宮得地，巳酉丑宮入廟，亥卯未宮利益。

### 文昌入男命吉凶訣

**歌曰**：文昌坐命旺宮臨，志大才高抵萬金。文藝精華心壯大，須教平步上青雲。

**又曰**：文昌守命亦非常，限不夭傷福壽長。只怕限逢火忌沖，須教夭折帶刑傷。

## 文昌入女命吉凶訣

**歌曰**：女人身命值文昌，秀麗清奇福更長。紫府對沖三合照，管教富貴著霞裳。

**又曰**：文昌女命遇廉貪，陷地擎羊火忌星。若不為娼終壽夭，偏房猶得主人輕。

## 文昌入限吉凶訣

**歌曰**：文昌之星最為清，斗數之中第一星。行限若逢科祿權，士人值此占科名。

**又曰**：限遇文昌不得地，更有羊陀火鈴忌。官非口舌破家財，未免刑傷多晦滯。

## 文曲入命宮論

文曲屬水木，司科甲之星。與文昌同逢吉主科第。單居身命更逢惡煞湊合，無名便佞之人。與貪狼火星三合同垣者，將相之命。若與殺破狼武貞羊陀會，又居陷地，則喪命夭折。若與同梁武曲會旺宮，聰明果決。如羊陀火鈴沖破，只宜空門。旺有暗痣，陷有斑痕。女命入廟，冰清玉潔。陷地與巨機火忌會，又逢貪狼破軍三合同垣沖破，則下賤孤寒淫慾。

寅宮平和午戌宮陷地，申子辰宮得地，巳酉丑宮入廟，卯亥未宮旺地。

**文曲入男命吉凶訣**

**歌曰**：文曲守命最為良，相貌堂堂志氣昂。士庶逢之應福厚，丈夫得此受金章。

**又曰**：文曲守垣逢火忌，不喜三方惡煞聚。此人雖巧口能言，惟在空門可遇貴。

**文曲入女命吉凶訣**

**歌曰**：女人命裏逢文曲，相貌清奇多有福。聰明伶俐不尋常，有煞偏房也淫慾。

**文曲入限吉凶訣**

**歌曰**：二限相逢文曲星，士庶斯年須發福。更添左右會天同，財祿滔滔為上局。

**又曰**：文曲限遇廉陀羊，陷地為災惹禍殃。更兼命裡星辰弱，須知此歲入泉鄉。

**左輔入命宮論**

左輔屬土，善星佐帝令尤佳。若紫微府相機昌貪武同行，更加右弼同垣，富貴不小，財官雙美。若見羊陀火忌，中局。旺宮有暗痣。如臨陷地又逢煞忌，加巨門七殺天機，下局。女命會吉星，旺夫益子，僧道清潔。

**歌曰：**左輔尊星能降福，風流敦厚通今古。紫府祿權貪武會，文官武職多清貴。

**又曰：**羊陀火鈴三方照，縱有財官非吉兆。廉貞破巨更來衝，若不傷殘終是夭。

**左輔入女命吉凶訣**

**歌曰：**女逢左輔主賢豪，能幹能為又氣高。更與紫微天府合，金冠封贈過滔滔。

**又曰：**火陀相會不為良，七殺破軍壽不長。只可偏房方富足，聰明得寵過時光。

**左輔入限吉凶訣**

**歌曰：**左輔限行福氣深，常人富足累千金。官員更得科權照，職位高遷佐聖君。

**又曰：**左輔之星入限來，不宜煞湊主悲哀。火鈴空劫來相湊，財破人亡事事衰。

**右弼入命宮論**

右弼屬土火，善星佐帝令尤妙。入廟厚重，清秀耿直。心懷寬恕，好施有機謀，諸宮皆降福，四墓尤佳。若與紫微府相昌曲會，終身福壽；若與諸煞同纏及羊陀火忌沖合者，則福薄，亦不為凶，有暗痣斑痕，傷殘帶疾。女命會吉星，旺夫益子，僧道清潔。

**右弼入男命吉凶訣**

**歌曰**：右弼天庭輔宰星，命多厚重最聰明。若無火忌羊陀會，加吉財官冠世英。

**又曰**：右弼尊星入命宮，若還煞湊主常庸。羊陀空劫三方湊，須之帶疾免災凶。

**右弼入限吉凶訣**

**歌曰**：右弼入限最為榮，人財興旺必多能。官員遷擢僧道喜，士子攻書必顯名。

**又曰**：右弼主限遇凶星，掃盡家資百不成。士遭傷敗奴欺主，更教家破主伶仃。

**祿存入命宮論**

祿存屬土，司爵為貴星。形持重，心慈耿直，有機變，多學多能，命遇主富貴。文人有聲名，諸宮皆降福消災。喜紫微府相同梁日月及武曲三方會照同垣為妙，在命宮官祿及田宅為福。單守命身，看財之奴。怕火鈴空劫沖照，下局論之，為巧藝多精之人，陷地減福。女命清白秀麗，有男子之志。

**祿存入男命吉凶訣**

**歌曰**：人生若遇祿存星，性格剛強百事成。為官值此逢昌曲，滔滔衣祿顯門庭。

**又曰**：祿存守命莫逢沖，陀火交加福不全。天機空劫忌相會，空門僧道得清閑。

**祿存入女命吉凶訣**

**歌曰**：女命若遇祿存星，紫府加臨百事寧。更遇同貞相湊合，必然註定是夫人。

**又曰**：祿存入命陷宮來，空劫鈴火必為災。若無吉曜來相湊，夫婦分離永不諧。

**祿存入限吉凶訣**

**歌曰**：祿存主限最為良，做事求謀盡吉祥。仕祿逢之多轉職，庶人遇此足錢糧。

又曰：祿存主限壽延長，做事營謀萬事昌。更有科權兼左右，定知此限富倉廂。

又曰：限遇祿存多富足，婚姻嫁娶添嗣續。更兼科祿又同宮，必主榮華享厚福。

又曰：祿存交馳限步逢，最怕空劫來相會。更兼太歲惡星沖，限倒其年入墓中。

## 魁鉞入命宮論

魁鉞屬火，即天乙貴人是也。若人身命逢之，更得諸吉加臨，三合吉星守照，必主少年登科及第。若逢凶忌，縱不為文章秀士，亦可為弟子之師。限步逢之，必主清高，名成利就。大抵此星若身命逢之，雖不富貴，亦主聰明。為人秀麗清白，有威可畏，有儀可象。女命逢吉，多為宰相婦。逢凶煞也主富貴。

## 魁鉞入命限吉凶訣

歌曰：魁鉞命身限遇吉，常人得此足錢糧。官員遇此高遷擢，必定當年面帝王。

## 擎羊入命宮論

擎羊屬金，化氣為刑。入廟權貴，性粗形麄且破相。性剛強果決，好勇鬥狠，機謀狡詐。橫立功名，能奪君子之權。宜命在四墓宮，廟地亦喜。四墓生人會日月，男剋妻而女剋夫。會昌曲左右有暗痣斑痕。若卯酉陷宮為禍深，傷殘帶目渺。六甲六戊生人卯午守命，其人孤單，不守祖業，二姓延生，巧藝為活。廉貞巨火忌星同又居陷地，則帶暗疾，或面手足有傷殘且不善終。一生招刑禍，否則為僧道。

女命入廟權貴。陷地傷夫剋子，孤刑破相，下賤淫蕩。

辰戌丑未入廟，命立辰戌丑未人利。子午卯酉陷地。

**擎羊入男命吉凶訣**

**歌曰**：祿前一位安擎羊，上將逢之福祿加。更得貴人相守照，兵權萬里壯皇家。

**又曰**：擎羊守命性剛強，四墓生人福壽長。若得紫府來會合，須知財穀富倉廂。

**又曰**：擎羊一曜落閑宮，陀火沖兮便是凶。更若身命同劫煞，定然夭絕在途中。

**擎羊入女命吉凶訣**

**歌曰**：北斗浮星女命逢，火機巨忌必常庸。三方凶煞兼來湊，不夭終須浪滾濤。

**擎羊入限吉凶訣**

**歌曰**：擎羊守限細推詳，四墓生人免禍殃。若遇紫微昌府會，財官顯達福悠長。

**又曰**：天羅地網遇擎羊，二限沖兮禍患戕。若是命中主星弱，定教一疾夢黃粱。

**又曰**：擎羊加煞最為凶，二限休教落陷逢。剋子刑妻賣田產，徒流貶配去從戎。

**陀羅入命宮論**

陀羅屬金，化氣為忌。入廟身雄形麄，賦性剛強且破相。橫發橫破又氣高，不守祖業，為人漂蓬。作事退悔，有始無終。喜四墓生人又坐四墓宮且吉星眾者為福。會日月忌宿，男剋妻而女剋夫；加忌則損目。會左右昌曲有暗痣，若無正星而獨守命者，孤單棄祖或入贅，二姓得延生，巧藝為活。若陷宮逢巨門及煞忌齊臨，必傷妻子背六親，且傷殘帶疾。惟僧道可吉。女命內狠外虛，凌夫剋子，不和六親，又無廉恥。辰戌丑未入廟，命立辰戌丑未人利。寅申巳亥陷地。

**陀羅入男命吉凶訣**

**歌曰**：陀羅命內坐中存，更喜人生四墓中。再得紫微昌府合，財祿豐盈遠播名。

**又曰**：陀羅在陷不堪聞，口舌官非一世侵。財散人離終孤獨，所為所做不如心。

**陀羅入女命吉凶訣**

**歌曰**：陀羅一曜女人逢，遇吉加臨淫蕩容。凶煞三方相照破，須防相別主人翁。

**陀羅入限吉凶訣**

**歌曰**：限遇陀羅事必多，必然忍耐要謙和。若無吉曜同相會，須教一夢入南柯。

**又曰**：夾身夾命有陀羊，火鈴空劫又來傷。天祿不逢生旺地，刑妻剋子不為良。

**火星入命宮論**

火星屬火，其性剛強出眾，唇齒四肢有傷。毛髮多異，性多沉毒。諸宮皆不美，惟廟旺貪狼會，指日立邊功，為財官格。寅午戌宮坐命禍輕。更與陀羅同，則襁褓災厄孤剋，下局。只宜過房外家寄養，重拜父母方可免剋。女命心毒，內狠外虛，凌夫剋子，不守婦道多是非，淫欲下賤。

寅午戌宮入廟宜，申子辰宮落陷災吝困，巳酉丑宮得地吉，亥卯未宮利益，遇吉多發福論。

**火星入限吉凶訣**

**歌曰**：火星吉曜限步逢，喜氣盈門百事通。仕宦逢之皆發福，常人得此財豐隆。

**又曰**：火星一宿最乖張，無事官災鬧一場。剋害六親應不免，破財堅苦且悽惶。

**鈴星入命宮論**

鈴星屬火，性毒，形神破相，膽大出眾，宜寅午戌宮坐命主權貴；限行遇吉曜，福厚但有成敗，雖富貴不久。入廟遇貪狼武曲，威震邊夷。更會紫府左右，不富即貴。如陷地，夭折破相可延壽；離祖重拜父母免刑剋。女命性剛，背逆六親，傷夫子；遇吉則豐足。

**鈴星入限吉凶訣**

**歌曰**：限至鈴星事若何，貪狼相遇福還多。更加入廟逢諸吉，富貴聲揚處處歌。

又曰：鈴星一宿不可當，守臨二限必顛狂。若無吉曜來相照，未免招災惹禍殃。

## 火鈴二星入男命吉凶訣

歌曰：火鈴二曜居廟地，貪狼紫府宜相會。為人性急有威權，鎮壓鄉邦終有貴。

又曰：火鈴在命落閑宮，其人定然做事庸。破盡家財終不久，需教帶疾免災凶。

## 火鈴二星入女命吉凶訣

歌曰：火鈴之星入命來，貪狼相會得和諧。三方無煞諸般美，坐守香閨得遂懷。

又曰：火鈴二曜最難當，女命單逢必主傷。若遇三方加煞湊，需防目下入泉鄉。

## 火鈴二星入限吉凶訣

歌曰：火曜二星事若何？貪狼相會福還多，更加吉曜多權柄，富貴聲揚處處歌。

又曰：火鈴陷限血膿侵，失脫尋常多困厄。口舌官災應不免，需防無妄禍來臨。

## 地劫入命宮論

地劫屬火，乃劫殺之神。性重反覆，做事疏狂。動靜皆惡，不行正道，多為邪僻之事。有吉禍輕，三方四正加煞少者，平等論。女命只可為偏房妓婢而已。

**地劫入命吉凶訣**

**歌曰**：地劫從來生發疾，命中相遇多啾唧。若遇羊火在其中，辛苦持家防內室。

**地劫入限吉凶訣**

**歌曰**：劫星二限若相逢，未免當年多禍危。太歲煞臨多疾厄，官符星遇有官非。

**地空入命宮論**

地空屬火，乃空亡之神。性重反覆，做事虛空，不行正道，成敗多端，不聚財。退祖可榮昌，空多不吉，名曰斷橋。有吉禍輕，加煞少者，平等論。多者下賤。女命單守，只可為偏房妓婢。

**地空入命吉凶訣**

**歌曰**：命坐地空定出家，文昌天相實堪誇。若逢四煞同身命，空門悠閒度歲終。

**地空入限吉凶訣**

**歌曰**：地空入限破田庄，妻子需防有損傷。財帛不聚多敗失，更憂壽命到泉鄉。

**地劫地空同入限吉凶訣**

**歌曰**：極居卯酉劫空臨，為僧為道福興隆。樂享山林有師號，福壽雙全到古齡。

**又曰**：劫空二限最乖張，夫子在陳也絕糧。項羽英雄曾喪國，綠珠逢此墜樓亡。

**天傷入命宮論**

天傷屬水，乃虛耗之神。守臨二限太歲，不問得地，只要眾星吉，方可獲善。若無正星，又逢巨忌羊火同臨，必主官災、喪亡、破財及諸般橫事相侵。曰：夫子絕糧，限到天傷。

**天使入命宮論**

天使屬水，乃傳使之星。審度人間禍福之由。若二限太歲臨，有吉星眾者，禍輕。若無正星，又逢巨忌羊火同臨，則官災、喪亡及橫事破家。

**天傷天使入限吉凶訣**

**歌曰**：天耗守限號天傷，夫子在陳也絕糧。天使限臨人共忌，縱是富豪亦破亡。

**天馬入命宮論**

天馬屬火，最喜祿存與化祿。極忌截路及空劫。如命在辰戌丑未，遇寅申巳亥有天馬居夫妻宮，加吉會者富貴論，加煞不美。加權祿照臨，必主男為官，女封贈。

**天馬入限吉凶訣**

**歌曰**：天馬臨限最為良，紫府祿存遇非常。官宦逢之應顯達，士人遇此赴科場。

**又曰**：天馬守限不會吉，更兼劫空來相遇。又值太歲宮中坐，限到其人尋死路。

**化祿入命宮論**

化祿屬土，為福德之神，守身命官祿之位，又逢科權相遇，必做大臣之職。小限逢之，主進爵入仕之喜，大限十年吉慶。惡曜來臨幷羊陀火忌沖照，亦不為害。女人吉湊作命婦，內外威嚴。煞湊平常。

**化祿入命吉凶訣**

**歌曰**：十干化祿最為榮，男命逢之福自申。武職題名邊塞上，文人名譽滿朝廷。

**又曰**：化祿天同遇太陽，常人大富足田庄。資財六畜皆生旺，凡有行為皆吉祥。

**化祿入限吉凶訣**

**歌曰**：限中若遇祿來臨，爵位高遷佐聖明。常庶相逢當大貴，自然蓄積廣金銀。

**化權入命宮論**

化權屬木，掌判生殺之神。守身命逢科祿相迎，出將入相。會巨門武曲，必成大事，掌握兵符。入命形極古怪，到處人敬之。大小限相逢，無有不吉。大限十年必遂，逢凶雖不為災，惟如遇羊陀傷使空劫，恐遭貽累，官災貶謫。女人得之內外稱意，僧道掌山林有師號。

**權星入男命吉凶訣**

**歌曰**：權星最喜吉星扶，事業軒昂膽氣麄。更值巨門兼武曜，邊防鎮守掌兵符。

**權星入女命吉凶訣**

**歌曰**：化權吉曜喜相逢，身命加臨衣祿豐。富貴雙全人性剛，奪夫權柄福興隆。

**權星入限斷訣**

**歌曰**：此星主限喜非常，官祿高陞佐帝王。財帛豐添宜創業，從今家道保安康。

**又曰**：權星又逢貪武臨，作事求謀盡得成。士子名高添福祿，庶人得此積金銀。

**化科入命宮論**

化科星屬水，上界應試主掌文墨之神。守身命又逢祿權加臨，主人聰明通達，最喜逢魁鉞，必中科第，作宰臣之職。如遇惡星，亦為文章秀士，作群英師範。但嫌截路空亡，旬空天空亦畏懼。女命逢此又值吉星拱守，作公卿婦。雖四煞衝破，也主富貴。

**科星入男命吉凶訣**

**歌曰**：科星文宿最為奇，包藏錦繡美文章。一躍禹門龍變化，管教聲達譽朝堂。

**又曰**：科星入命豈尋常？錦繡才華展廟廊。更遇曲昌魁鉞宿，龍門一躍姓名揚。

**科星入女命吉凶訣**

**歌曰**：化科女命是良星，四德兼全性格清。更遇吉星祿權湊，夫榮子貴作夫人。

**科星入限吉凶訣**

**歌曰**：科星二限遇文昌，士子逢之姓名香。僧道庶人多富貴，百謀百遂事英揚。

**化忌入命宮論**

化忌星屬水，為多管之神。守身命，一生不順又招是非。小限逢之，一年不足，大限相遇，十年悔吝。二限并太歲交臨，斷然蹭蹬，文人不耐久，武人有官災口舌之擾。從商或巧藝人亦不宜，四處難立腳。如紫府昌曲左右加會祿權與忌同宮，又兼羊陀火鈴空劫，作事進退，横發横破，始終不得久遠。即係發不主財是也。一生奔波勞碌或帶疾貧夭，僧道亦流移還俗。然天同化忌在戌，巨門化忌在辰，太陽化忌在寅卯辰巳午，太陰化忌在酉戌亥子丑，亦為福論，日月陷地化忌，主大兇。

### 忌星入男命吉凶訣

歌曰：諸星化忌不宜逢，更會凶星越是凶。若得吉星來救助，縱然富貴不豐隆。

又曰：貪狼破軍居陷地，更遇化忌終不利。男為奸盜女為娼，加煞照命無眠睡。

### 忌星入女命吉凶訣

歌曰：女人化忌本非奇，更遇凶星是禍基。衣食艱辛甚貧賤，吉星湊合減災厄。

### 忌星入限吉凶訣

歌曰：忌星入廟反為佳，縱有官災亦不傷。一進一退名不遂，更兼遇吉保安康。

又曰：二限空中見忌星，致災為禍必家傾。為官退職遭贓濫，胥吏需防遭刑杖。

又曰：忌星落陷在閑宮，惡煞加臨作禍凶。財散人離多疾苦，傷官退職孝重逢。

### 祿權科忌總論

歌曰：祿會祿存富貴，權會貪武英揚。科會魁鉞貴顯，忌會身命招是非。

**歲君入流年命宮論**

歲君乃流年太歲星君，與諸凶神相遇，謀皆不遂。二限相沖，需逢大限紫府昌曲左右魁鉞等吉星扶救，方災少。需防六畜死失，若遇羊陀火鈴空劫傷使，財破身亡。女命逢之，防產難之厄，吉多有救。

**歲君入流年命宮吉凶論**

**歌曰**：太歲之星不可當，守臨官限要推詳。若無吉曜來相助，未免官災鬧一場。

**斗君入流命宮吉凶論**

斗君正月初一管事，遇吉斷吉，遇凶斷凶。如太歲二限美，又斗君當值某宮過度又逢凶煞，亦主其年有得失及災病官非，依月限斷之。

## 二、論兄弟宮訣

**紫微**：有可倚靠年長之兄，天府同三人；天相同三至四人；破軍同亦有三人或各胞生。加羊陀火鈴空劫忌剋害，有則欠合。

**天機**：廟旺有二人，與巨門同二人，陷地相背不一心。天梁同二人，太陰同二至三人。見羊陀火鈴空劫忌，雖有而剋害。

**太陽**：廟旺三人，與巨門同無煞加亦三人。太陰同，五人，陷地不和欠力。加羊陀火鈴空劫更剋，減半。

**武曲**：廟旺有二人，不和睦。陷宮加煞只一人。天相同二人，破軍七殺同有一人，亦不和睦。加昌曲左右有三人，見羊陀火鈴空劫忌，孤單。

**天同**：入廟四至五人，天梁同二至三人，巨門同無煞三人，太陰同四至五人，陷地只有二人。見羊陀火鈴空劫忌少，宜分居且不和。

**廉貞**：入廟二人，貪狼同招怨懟。天相同二人，七殺同一人，天府同加左右昌曲有三人。見羊陀火鈴空劫忌有剋且不和睦。

**天府**：有五人，紫微同加左右昌曲有六至七人，廉貞同三人。見羊陀火鈴空劫忌，只二人。

**太陰**：入廟兄弟五人，太陽同亦五至六人，天機同二人，科權同四五人。見羊陀火鈴空劫忌，減半且剋，宜分居相背。

**貪狼**：廟旺二人，陷地宜各胞分居，廉貞同不和，紫微同有三人。加羊陀火鈴空劫忌，孤單。

**巨門**：廟旺二人，陷地宜各胞分居，太陽同加左右昌曲有三人，天機同有二人，惟乖違不一心，天同二至三人。加羊陀火鈴空劫忌，孤剋。

**天相**：和平有二至三人，見煞全無。紫微同有三四人，武曲同二人，廉貞同二人。見羊陀火鈴空劫忌，孤單。

**天梁**：廟旺二人，相處和順或多不同胞；陷宮不和或全無。天同同三人，天機同二人。見羊陀火鈴空劫忌少。

**七殺**：主孤剋，在子午寅申宮方有三人，惟亦不和宜分居；如加昌曲左右，更好。

**破軍**：入廟三人，陷地加煞主孤單。武曲同二人，紫微同二人，廉貞同一人。加昌曲左右有三人，可和睦。加羊陀火鈴空劫忌，孤單。

**文昌文曲**：有三人。見羊陀火鈴，廟旺則不剋。陷宮孤單，加空劫全無。

**左輔**：有三人。天同昌曲同有四至五人。加羊陀火鈴二人，有空劫，欠力且不合睦。

**右弼**：有三人。同府相紫微昌曲有四至五人。加羊陀火鈴空劫忌，欠力且不合睦。

**祿存**：相生有兄弟，見煞剋害招怨懟。

**羊陀**：剋害，入廟一人。眾吉星加有二至三人，陷地全無。

**火星**：入廟逢有吉星，有一至二人，加廉殺破及羊陀鈴，孤剋。

**鈴星**：入廟相生有兄弟，加羊陀火空劫忌，全無。

**斗君**：逢在兄弟宮過度，遇吉星兄弟一年和睦；逢凶煞加臨，若不見刑剋，便主兄弟爭鬥。

**歌曰**

紫微得地祿文和，府相同梁左右多。
貪武火鈴廉殺破，陷宮不必問羊陀。
府相同梁兄弟和，陰陽左右祿文多。
天機貪狼不一心，火鈴殺破異路逢。

## 三、論夫妻宮訣

**紫微**：宜晚娶可偕老，妻性剛。天府同偕老，天相同年少妻，破軍同刑剋，加羊陀火鈴亦刑。貪狼同有吉星，免刑。

**天機**：宜年少剛強之妻，女配夫宜長。加羊陀火鈴主生離，晚娶吉。天梁同宜年長，太陰同則妻內助容美。

**太陽**：廟旺遲娶吉，早娶剋，可因妻得貴。與天梁同加左右，招賢明之妻。太陰同內助，巨門同無羊陀火鈴空劫忌不剋。反之則定剋，遲娶免刑，晚娶得偕老。

遇耗則非禮成婚。

**武曲**：刑剋宜遲娶，同年夫婦為宜，加吉星，因妻得財。會凶煞，因妻去產。貪狼同招遲無刑。七殺同剋二至三妻。加羊陀火鈴空劫忌，更剋。

**天同**：遲娶偕老，夫宜長，妻宜少。加四煞欠和且生離。巨門同加四煞亦剋。太陰同，內助容美，天梁同，極美夫婦。

**廉貞**：三度作新郎，與貪狼同愈剋。七殺同，刑且欠和。加羊陀火鈴主生離。天府偕老性剛者無剋。

**太陰**：入廟男女皆得貴，可配容美之夫與婦，加昌曲極美。會羊陀火鈴空劫忌不剋主生離。太陽同諧老。天同同內助，天機同，美好，宜少配。

**貪狼**：男女不得美，三次作新郎。入廟宜遲娶。廉貞同主剋。加羊陀火鈴空劫忌主生離，紫微同年長可免剋。

**巨門**：刑剋欠和，宜年長。太陽同無煞加，偕老。天機同內助且美貌。天同同得性聰之妻，加羊陀火鈴空劫忌，定剋二妻或主生離。

**天相**：妻貌美賢淑，夫宜年長，親上加親。紫微同偕老。武曲同少和。廉貞同入廟免刑，反之則剋。加羊陀火鈴空劫忌，刑剋。

**天梁**：妻容美，天同同和氣。天機招美淑。加羊陀火鈴空劫忌，不和順。

**七殺**：早娶刑剋。武曲同亦剋。若遲娶免刑。廉貞同主生離。加羊陀火鈴空劫忌，剋三妻。

**破軍**：男女俱剋，早娶主生離。武曲同亦然。廉貞同亦剋且欠和。紫微同宜年長之妻。

**文昌**：得內助，聰明。天機太陰同主容美，陷地不宜。加羊陀火鈴空劫忌，有剋。

**文曲**：會太陰諸吉星，偕老。同文昌妻妾多。加羊陀火鈴空劫忌，有剋。

**祿存**：相生無剋，妻宜年少且遲娶。加羊陀火鈴空劫忌，孤單。

**左輔右弼**：偕老。加羊陀火鈴空劫忌與廉貪同，宜年長剛強之妻。羊陀入廟加吉星，遲娶免刑或欠和。

陷地早剋，加日月巨機武殺及火鈴，主生離。

**火星鈴星**：入廟加吉無刑剋，陷地加煞刑剋。

**天魁天鉞**：多主夫婦美麗，坐妻宮必主得妻財。加吉星同得貴美夫及婦。

**斗君**：過度在妻宮，逢吉星，妻妾美無災。逢惡星，妻妾有災厄；又看本命妻宮，若剋妻者，主其年刑傷妻妾，若不剋者，可斷其年有災。

**歌曰**：

紫府同梁左右和，祿文日月兩相宜。

貪羊七殺皆三度，鈴武廉陀夫婦離。

## 四、論子女宮訣

凡看子女，先看本宮星宿，主有幾子。若加羊陀火鈴空劫忌，主生子女有刑剋。次看對宮有沖否。如本宮無星曜，專看對宮有何星宿，主有幾子。若善星貴星守子女宮，必主其人生子昌盛貴顯。若惡星又同煞忌守子女宮，不是刑剋，便主生強橫破盪之子。又看三方四正得南斗星多，主多生男；北斗星多，主多生女。若太陽在廟旺之地，先生男；太陰居廟旺之地，先得女，如煞忌守本宮，無制化相生之曜，必絕嗣。日生者最怕太陰臨，夜生者最怕太陽照，若在子女宮，恐到老無兒送終。

**紫微**：廟旺男三女二或庶生多，加左右昌曲有五人。加羊陀火鈴空劫忌，只一雙，不然偏室生者多或招**嗣子**。破軍同三人。天府同加吉星四至五人，加昌曲左右得貴子。若獨守再加空劫，主孤單。

**天機**：廟旺二人或庶生多。巨門一人。天梁同在寅宮，有二至三人，在申宮女多男少，只可一子。太陰同二至三人，加羊陀火鈴空劫忌，全無子。

**太陽**：入廟男三女二，晚得子貴。巨門同三人。太陰同五人。陷地有三子，惟均不成才，再加羊陀火鈴空劫忌，只留一子送終。

**武曲**：主一子或庶生者多。破軍同主刑，只有一人。加羊陀火鈴空劫忌，絕嗣。貪狼同晚招二子，天相同先招外子後親生一子。七殺同主孤或傷殘之子。

**天同**：廟旺五子有貴。巨門同三人。太陰同五人，在午宮陷地，減半。天梁同，先女後男，有二子，守在申宮，只得一子送終。在寅宮加吉星有三子。加羊陀火鈴空劫忌，刑剋子少送終。

**貞**：一人，天府同主貴子，三人。若貪狼破軍七殺同，主孤。再加羊陀火鈴空劫忌，全無。天相同有二子。

**天府**：五人，武曲同二人。紫微同四至五人。廉貞同三人。加羊陀火鈴空劫忌，只三人。

**太陰**：三男二女，先女後男。廟旺有貴子。陷地減半，招軟弱或虛華不成器之子。太陽同五人。天機同二人。天同同五人。廟地無剋方可斷。若居陷宮有剋，又加羊陀火鈴空劫忌，主子少。

**貪狼**：廟旺有二人。早得子易生刑剋。紫微同二人。廉貞同子少，如加吉星二人。武曲同三人，先難後易。

**巨門**：入廟二人，先難後易。太陽同，頭一及二子易養。加羊陀火鈴空劫忌，子少。天機同一人，若有吉星同，二人。加空劫，全無。

**天相**：無羊陀火鈴同，有二子，皆成器；逢煞臨，先招嗣子後方親生一至二子。紫微同加昌曲左右臨，有三至四人。武曲同有三人。見羊陀火鈴空劫忌，必剋，宜偏室生。

**天梁**：廟旺二人，加羊陀火鈴空劫忌，早生剋。天同同加昌曲左右吉星同臨，有三人。天機同有二人。加羊陀火鈴空劫忌，全無。

**七殺**：主孤只一人，若與紫微同加吉星，有三人。見羊陀火鈴空劫忌，全無。縱有也不成器，必為強橫敗家之子。

**破軍**：入廟三人，剛強之子。紫微同三人。武曲同加昌曲左右同臨，有三人。廉貞同一人。見羊陀空劫少子論。

**左輔**：單居男三女一。見紫微天府諸吉星，主得貴子。見破殺羊陀火鈴空劫忌，只有二人，縱有也不成器。

**右弼**：三人，加吉星有貴子。見羊陀火鈴空劫忌，減半論之。

**文昌**：三人，加吉星更多。見羊陀火鈴空劫忌，只可一子。

**文曲**：廟旺有四人，陷地有二至三人。加羊陀火鈴空劫忌，子少。

**祿存**：主孤，宜庶出一螟蛉子（異姓養子）。加吉星有一人。加諸煞，刑剋主孤。

**擎羊陀羅**：吉星廟旺有一人，陷宮孤單。如對宮吉星多且無煞沖，亦有三至四人。見煞忌在此宮，絕嗣。

**火星**：逢吉星同，不孤。陷宮加煞，主刑傷。

**鈴星**：廟旺加吉星可許庶出，獨守孤單。若對宮吉多，二至三人。

**天魁天鉞**：單守主有貴子。

**斗君**：在子女宮過度，逢吉，子女昌盛。逢凶刑剋或子破家。

**歌曰**：

紫府同梁武曲多，廉貞左右配嗚珂。
巨陽破殺傷頭子，祿存七殺一二可。
羊陀火鈴定遭傷，得此應知喜不常。
機相少無或後得，忌陀必定是外廂。

## 五、論財帛宮訣

**紫微**：豐足倉箱，加羊陀火鈴空劫忌，不旺。破軍同先難後易。天相同財帛蓄積。天府同富足，惟終身保守。加左右為財富之官。七殺同加吉，財帛橫發。

**天機**：勞心費力生財。巨門同鬧中求取。天梁同機關巧計生外財。太陰同又居陷宮，成敗不一。加羊陀火鈴空劫忌，一生有成有敗。

**太陽**：入廟豐足，陷宮勞碌不遂。太陰同加左右吉星，發財不小。祿存同操心得財而致富。巨門同早年成敗，中年豐盈。

**武曲**：豐足倉箱，化吉有巨萬家資。無吉加，鬧中進財。破軍同東來西去，先無後有。天相同財帛豐盈遇貴生財成家。七殺同白手生財成家。貪狼同三十年後方發財。加羊陀火鈴空劫忌，財不聚。極怕空亡。

**天同**：白手生財，晚發。巨門同財有進退。天梁同，財大旺。加四煞空劫忌，九流人吉，生財成家。

**廉貞**：在申寅宮，鬧中生財。陷宮先難後易。貪狼同橫發橫破。見羊火生橫進之財。七殺同鬧中取財。天相同富足倉箱。如會耗劫天空等曜，常在官府中破財。

**天府**：富足。見羊陀火鈴空劫忌，有成敗。紫微同積巨資。廉貞武曲同加權祿，多為富奢翁。

**太陰**：入廟富足倉箱。陷宮成敗不聚。太陽同，先少後多。天機同，白手生財成家。天同同財旺。祿存兼左右同，主大富。

**貪狼**：廟旺橫發；陷地貧窮。紫微同守現成家計，自置更豐盈。見火星，三十年前成敗，三十年後橫發。

**巨門**：白手生財成家，宜鬧中取財，惟若氣高之人主橫破。太陽同入廟守現成家計。天機同財氣生身，所為不一。天同同白手成家，九流人吉。加羊陀火鈴空劫忌，破財多禍端。

**天梁**：富足，入廟上等富貴。陷宮辛勤求財度日。天同同白手生財勝祖。天機同勞心用力，發財不多。

加羊陀火鈴空劫忌，先難後易，僅足度日。

**天相**：富足。紫微同財氣橫進。武曲同加四煞，百工生財。廉貞同商賈生財。加羊陀火鈴空劫忌，成敗無積聚。

**破軍**：在子午宮，多有金銀寶貝蓄積。辰戌旺宮亦財盛。陷宮不聚祖業。武曲同守巳亥宮，東來西去。

紫微同，先去後生。廉貞同勞碌生財，先難後遂。加空劫極貧。

**文昌**：富足倉箱。加吉星財氣旺。巨門同富足。陷地加羊陀火鈴空劫忌，為寒儒之輩。

**文曲**：入廟富足。加吉星得貴人財。加羊陀火鈴空劫忌，東來西去，成敗不遂。

**左輔右弼**：諸宮皆得富足。會諸吉星得貴人財。加羊陀火鈴空劫忌，主成敗而不聚。

**祿存**：富足倉箱，堆金積玉。加吉，不待勞而財自加。會羊陀火鈴空劫忌，先無後有。

**擎羊**：辰戌丑未宮，鬧中生財。陷地破祖且不聚，終不能發達，只宜魚鹽汙垢中生財。

**陀羅**：鬧中生財。陷宮辛勤求財度日，加空劫，東來西去。

**火星**：獨守橫發橫破。陷宮辛勤。加吉星，財多遂志。

**鈴星**：入廟獨守橫發。陷地孤寒辛苦度日。

**魁鉞**：主清高中生財，一生遂意。

**斗君**：遇吉其月發財。遇凶惡空劫耗忌，其月損財，因財而招口舌官非。

**歌曰**：

紫府廉相祿滿倉，陰陽左右及貪狼。

羊陀廉殺閑中有，火鈴空劫定囊虛。

## 六、論疾厄宮訣

先看命宮星曜落陷何如，煞忌守照何如。再看疾厄宮星曜善惡及廟旺落陷何如，併而斷之。

**紫微**：災少。天府同亦少。天相同皮胎勞，如加破軍，血氣不和。同羊鈴主有暗疾。加空劫主疢疾與心氣疾。

**天機**：襁褓多災，陷地頭面破相。巨門同血氣疾。天梁同下部疾。太陰同瘡災。加羊陀火鈴陷宮，有目疾，四肢無力。

**太陽**：頭風，太陰同加化忌羊陀，主眼目有傷。陷宮亦主目疾，欠光明。

**武曲**：襁褓災迍，手足頭面有傷。羊陀同一生常有災。天相同招暗疾。七殺同血疾，貪狼同廟旺無疾。陷地加四煞，眼手足疾或痔疾瘋瘡。

**天同**：入廟災少。巨門同心氣疾。太陰同加羊火血氣疾。天梁同加四煞心氣疾。

**廉貞**：襁褓災瘡，腰足之疾，入廟加吉和平。遇貪狼同又居陷地，眼疾且災多。七殺破軍天府同，災少。

**天府**：災少，臨災有救。紫微同災少。加羊陀火鈴空劫忌，有瘋疾。廉貞同加劫煞空亡，半途傷殘。

**太陰**：廟旺無災，陷地災多，主勞傷之症。女人主有傷殘，若太陽同會則吉美，一生災少。羊陀火鈴眼目疾，加空劫有瘋疾。天同同加羊陀陷宮主肌症。又同火鈴多災。

**巨門**：少年膿血之厄。太陽同有頭瘋疸。天同同下部有疾，加羊火，酒色之疾。加忌有耳目之憂。

**天相**：災少，面皮黃腫血氣之疾。紫微同災少。武曲同加四煞破相。廉貞同加空劫，手足傷。

**七殺**：幼年多災，長有痔疾。武曲同加四煞，手足傷殘。廉貞同主目疾，加擎羊四肢有傷殘。

**破軍**：幼年瘡癩膿血羸黃。武曲同目視疾。紫微同災少。廉貞同加羊火，四肢有傷殘。

**文昌**：獨守災少，加羊陀火鈴空劫忌，災多。同諸吉星，一生無災。

**文曲**：災少，加吉星，一世無災。加羊陀火鈴空劫忌，常有災。

**左輔**：獨守平和，加吉星災少。見羊陀火鈴空劫忌，常有災。

**右弼**：獨守逢災有救。見羊陀火鈴空劫忌，災多。

**祿存**：少年多災，加吉星災少。見羊陀火鈴空劫忌，四肢必傷殘，加空劫致暗疾延生。

**擎羊**：有頭瘋之症或四肢欠力，頭面破相方可延壽，加吉星災少。

**陀羅**：幼年災磨，唇齒頭面有傷，破相方可延壽。

**火鈴**：足目破相，皮顱帶疾。

**斗君**：遇吉身心安寧，其年無災。遇凶煞，本命又有煞忌會照者，其年多災。

**歌曰**：

紫府同昌左右無，羊陀七殺損肌膚。

男女四煞休逢日，禍祿年來疾厄痛。

## 七、論遷移宮訣

**紫微**：同左右出外貴人扶持發福。天府同出入通達。天相同在外發財。破軍同貴人雖見但愛小人，美中不足。加羊陀火鈴空劫忌，在外不安靜。

**天機**：出外遇貴，居家有是非。巨門同動中則吉。天梁同出外稱意。太陰同忙中吉。加羊陀火鈴空劫忌，在外多是非，身不安靜。

**太陽**：宜出外，發福不耐靜守。太陰同出外忙中吉。巨門勞心。加羊陀火鈴空劫忌，在外身不清閑。

**武曲**：鬧忙中進財，少不宜靜守。貪狼同做巨商。七殺破軍同，身心不得靜守。加羊陀火鈴空劫忌，在外招是非。

**天同**：出外遇貴人扶持。巨門同勞心。太陰同辛苦。天梁同得貴人見愛。加羊陀火鈴空劫忌，在外少遂志。

**廉貞**：出外通達近貴，在家日少。貪狼同鬧中立腳。七殺同在外廣招財。天相同動中則吉。加羊陀併三方有凶煞星會照，死於外道。

**天府**：出外遇貴人扶持。同紫微發福。廉貞武曲，鬧中取財做巨商。

**太陰**：入廟出外遇貴發財。陷宮招是非，欠寧靜。太陽同極美。天同同在廟旺地，出外白手生財成家。

**貪狼**：獨守在外勞碌，鬧中橫進財。廉貞同加四煞，在外艱難。武曲同做巨商。加羊陀火鈴空劫忌，又逢流年耗煞，遭兵劫掠。

**巨門**：出外勞心不安，與人不和多是非。加羊陀火鈴空劫忌愈甚。

**天相**：出外貴人提攜。紫微同吉利。武曲同在外發財。廉貞同加羊陀火鈴招是非小人，雖美不足。

**天梁**：出外近貴，得貴人成就。天同同福厚。天機同，藝術途中走。

**七殺**：在外日多，在家日少。武曲同動中則吉。廉貞同在外生財。紫微同在外多遂志。加羊陀火鈴空劫忌，則操心不寧或流盪天涯。

**破軍**：出外勞心不寧，入廟在外崢嶸。加羊陀火鈴空劫忌，奔馳巧藝走途中。加文昌文曲又與武曲相會，優伶之人。

**文昌**：出外遇貴發達。加羊陀火鈴空劫忌，在外欠安寧。

**文曲**：在外近貴。加吉星得財。加羊陀火鈴空劫忌，少遂志。

**左輔**：出外遇貴人扶持發福。加羊陀火鈴空劫忌，多招是非。

**右弼**：出外遇貴人扶持發達，不宜靜守。加羊陀火鈴空劫忌，在外與人有爭競。

**祿存**：出外衣祿遂心。會羊陀火鈴空劫忌，與人多不如意。

**擎羊**：入廟在外衣祿遂心。加吉星鬧中發財。陷地縱有成，下人多不足。

**陀羅**：會吉星在外遇貴得財。陷地加羊火鈴空劫忌，多招是非，下人不足。

**火星**：獨守出外不安。加吉星，鬧中進財。加羊陀空劫招是非，在外少遂志。

**鈴星**：有吉星同，出外吉。加羊陀火鈴空劫忌，招是非。

**斗君**：過度遇吉，動中吉；遇凶煞，動中有口舌。

**歌曰**：

紫府同梁昌曲機，陰陽左右火鈴宜。

廉貞巨武羊陀忌，破煞陷宮多是非。

## 八、論奴僕宮訣

**紫微**：成行得力，旺主生財，加擎羊火鈴陀羅欠力。破軍同先難後有招。天相同得力。加空劫招怨逃走。

**天機**：入廟得力，陷地會空則怨主。天梁同晚招。太陰同欠力。巨門加吉星，有奴婢。加擎陀火鈴空劫忌，難招。

**太陽**：入廟旺主發，陷宮則無份，有也會怨主而走。太陰同多招。巨門同則多招怨。加羊陀火鈴空劫忌，奴則背主。

**武曲**：旺宮奴僕不少，一呼百諾。天府同多奴多婢。破軍同招怨而走，末年方有招。天相同得力。七殺同背主。貪狼同欠力。

**天同**：得力旺主。巨門同先難後易。太陰同得力。天梁同助主。加羊陀火鈴，有背主之奴；若見空劫，則怨主而逃走。

**廉貞**：陷地奴背主，晚年方招得；入廟一呼百諾。貪狼同欠力。七殺同背主。天同同多奴多婢。加羊陀火鈴空劫忌，不旺會走。

**太陰**：廟地得力且成行。太陽同多奴多婢。天機同欠力。天同同旺主。加羊陀火鈴空劫忌，雖有而走；陷地全無。

**天府**：得力，一呼百諾。紫微同助主旺家。武曲同奴僕多有。加羊陀火鈴空劫忌，多背主逃走。

**貪狼**：難招，得敗主之奴；陷地全無。廉貞同亦少。紫微同有奴婢。加羊陀火鈴空劫忌，雖有難育。

**巨門**：入廟早年不得力，招是非且不能久居。太陽同助主衛家。天同同不一心，末年方招得。

**天相**：末年招得。紫微同多奴多婢。武曲同怨主。廉貞同，末年可招。加羊陀火鈴空劫忌，欠力且逃走。

**天梁**：奴多旺主。天同同有衛家之奴。天機同不一心。

**七殺**：欺主有剛強且多盜家財之僕。武曲同背主。廉貞同欠力。加羊陀空鈴空劫忌，全難招。

**破軍**：入廟得力，陷宮招怨且背主。武曲同亦背主。紫微同得力。廉貞同欠力。加羊陀火鈴空劫忌，難招。

**文昌**：入廟獨守得力，助主。加羊陀火鈴空劫忌，雖有背主。

**文曲**：入廟得力，陷宮無份。加羊陀火鈴空劫忌，怨主逃走。

**左輔**：獨守旺主，一呼百諾。加羊陀火鈴空劫忌，背主難招。

**右弼**：獨守成行。加羊陀火鈴空劫忌，背主盜財而走。

**祿存**：奴僕多，加吉星，得衛主之奴僕而起家。見羊陀火鈴空劫忌，欠力。

**擎羊**：背主招怨，不得力，有也不長久。入廟晚年方可招。

**陀羅**：奴僕欠力且怨主；入廟加吉星則否。

**火星**：獨守怨主且不得力，加吉星入廟，可招一二。

**鈴星**：獨守不得力且恨主。會吉星入廟，助主衛家。加空劫羊陀忌，全欠力。

**斗君**：流年過渡，逢吉星則奴僕歸順；逢凶忌耗煞，則恨主而走或得凶奴僕而招是非。

**歌曰**：

紫府同機左右存，昌曲日月破軍群。

羊陀火鈴忌逢煞，廉巨難和後必榮。

## 九、論官祿宮訣

**紫微**：廟旺遇左右昌曲魁鉞軒勝，位至封侯伯，加羊陀火鈴平常。天府同權貴，名利兩全，天相加之，內外權貴且清正。破軍同鬧中安身。

**天機**：入廟權貴，會文曲為良臣，不見羊陀火鈴方宜。天梁同文武之材。太陰同名振邊夷。陷宮退官失職，吏員立脚。

**太陽**：入廟文武為良，不見羊陀火鈴吉。太陰同貴顯。左右昌曲魁鉞同，更加科祿權，定居一品之貴。

**武曲**：入廟與昌曲左右同宮，武職崢嶸，常人發福，會科祿權為財富之官。貪狼同為貪污之官。破軍同軍旅內出身與安身。七殺同橫立功名。陷宮及羊陀火鈴空劫忌，功名無分。

**天同**：入廟文武皆宜，無羊陀火鈴吉。巨門同先小後大。太陽昌曲科祿權吉美。天機同權貴。太陰同陷宮胥吏論。

**廉貞**：入廟武職權貴，惟不耐久。貪狼同鬧中權貴。紫微三方見，文職論。七殺同軍旅出身。天相天府同，衣錦富貴。

**天府**：入廟文武皆吉，無羊陀火鈴空劫忌，全美論。紫微同文武聲名。廉貞武曲同權貴，見空劫平常。

**太陰**：入廟多貴，陷地氣高橫破難顯達。會太陽昌曲左右，三品之貴。天同同文武皆宜。天機同鬧中進身，吏員立腳。

**貪狼**：入廟遇火鈴，武職掌大權。紫微同文武之職，權貴非小。陷宮為貪污之官。加羊陀火鈴空劫忌，平常。

**巨門**：入廟武職權貴，文人不耐久。太陽同有進退，入廟方可久長。天機同在卯宮吉美，在酉宮雖美，卻無始終。陷宮遭悔吝。加羊陀火鈴空劫忌更不美，主退官卸職。

**天相**：入廟文武皆宜，食祿千鍾，陷地成敗。紫微同權貴。昌曲左右同，權顯榮貴。武曲同邊夷之職。廉貞同崢嶸權貴。加羊陀火鈴空劫忌，有貶謫之憂。

**天梁**：午宮廟旺會左右魁鉞，文武之材。天同同權貴不小。天機同崢嶸貴顯。加羊陀火鈴空劫忌，平常。

**七殺**：廟旺武職崢嶸，權貴非小。不宜文人。武曲同權貴。廉貞同功名顯達。

**破軍**：廟旺武職軒勝。武曲同加權祿及昌曲，顯達；加羊陀火鈴平常。紫微同宮名振揚。廉貞同文人不耐久，胥吏最美。

**文昌**：入廟太陽同加吉，又科祿權會，文武之材。同天府文曲，富貴雙全。

**文曲**：廟旺文武皆宜。陷宮又與天機太陰同會，胥吏權貴。會紫府左右，近君顏而執政。加羊陀火鈴空劫忌，平常。

**左輔**：入廟文武之材，武職最旺，不利文人。會吉星，身清名揚，文武皆良。見羊陀火鈴空劫忌，進退聲名。

**右弼**：宜居武職，不和文人。與紫府昌曲同，財官雙美。陷宮成敗不一，有貶謫之憂。見羊陀火鈴空劫忌，亦有黜降。

**祿存**：會吉星文武皆良，財官雙美，子孫爵秩，諸宮皆美。

**擎羊**：入廟最利武職。同吉星權貴。陷地平常，虛名而已。

**陀羅**：獨守平常。加吉星亦虛名而已。

**火星**：晚年功名遂心，早年成敗不一。會紫微貪狼吉，陷地不美。

**鈴星**：獨守旺宮吉，陷地不美。加諸吉星權貴。

**斗君**：流年遇吉，其年月財官旺。逢凶煞忌財官不顯達，有勞碌奔波之實。

## 定文武百官歌

### 定公卿歌

輔弼星纏帝座中，高官三品入朝中。空亡惡曜三方見，只是虛名受蔭封。

### 定文官歌

昌曲二曜最難逢，建節封侯笑語中。若然凶煞來臨照，須然好處也成凶。

**又曰**：

文官昌曲掛朝衣，官祿之中喜有之。紫相更兼祿權至，定居風憲肅朝儀。

### 定武官歌

將軍武曜最為良，帝座權衡在祿鄉。輔弼二星兼拱照，金章玉帶佐皇王。

**定曹吏歌**

日月諸曜在陷宮，更有光輝始不凶。若逢紫微兼左右，一生曹吏逞英雄。

**歌曰：**

紫府同梁共昌曲，陰陽貞祿武職強。

武廉破巨羊陀煞，左右合沖武職良。

## 十、論田宅宮訣

**紫微**：茂盛，自置旺相，加羊陀火鈴空劫，有置有去。破軍同退祖。天相同有現成家業。得左右昌曲極美，田產茂盛。

**天機**：退祖新創置。巨門同在卯宮，有田庄；在酉宮不守祖業，先大後小。天梁同有置，晚年富。太陰同自置旺相。

**太陽**：入廟得祖業，初旺末平。太陰同加吉星，田多。巨門同在寅宮，旺盛；在申宮退祖，不為無田產。陷地逢羊陀火鈴空劫忌，全無。

**武曲**：單居旺地，得祖父大業；陷地退後方成。破軍大耗同破盪家產，有也不耐久。天相同，先見破後方有。七殺同心不欲。天府同守現成家業。貪狼同晚置，見火鈴同極美，田產茂盛。同空劫，有進有退。

**天同**：先少後多，自置甚旺。巨門同田少。太陰同入廟大富。天梁同先退後進。加羊陀火鈴空劫忌，全無。

**廉貞**：破祖。貪狼同有祖業，不耐久。七殺同自置。天府同守現成家業。天相同先無後有。

**天府**：田園茂盛，守祖自置旺相。紫微同大富。廉貞武曲同，守祖業榮昌。見羊陀火鈴空劫忌更少，有成敗。

**太陰**：入廟田多，陷地加羊陀火鈴空劫忌，田全無。天機同自創置。天同同白手自置。左右祿權及祿存同，主多田產。

**貪狼**：陷宮退祖，一世田少，有祖業也去，而後自置。廉貞同無份。紫微同有祖業。武曲同晚置。見火鈴守祖業，有自創，但恐火焚屋宅。

**巨門**：廟旺橫發置買，陷地無份，因田產招非。太陽同先無後有。加羊陀火鈴空劫忌，田宅全無。

**天相**：廟旺有份。紫微同自置。武曲同無份。廉貞加羊陀火鈴空劫忌，飄零祖業。

**天梁**：入廟旺有祖業。天同同先難後易。天機同不見羊陀火鈴空劫忌，終有田宅。

**破軍**：在子午宮守祖業榮昌，但有進退；加羊陀火鈴空劫忌，退祖田少。紫微同有現成家業。廉貞同先破後有置。耗忌同全無。

**文昌**：會諸吉田園廣置。加羊陀火鈴空劫忌，敗祖。

**文曲**：旺地有份，守祖業。加吉星自置。同羊陀火鈴空劫忌湊，有進退。

**左輔右弼**：有祖業，加羊陀火鈴空劫忌，退祖。田地少，會吉星多。

**祿存**：田園多自置，會吉星承祖業榮昌。加羊陀火鈴空劫忌，田宅少。

**擎羊**：入廟先破後成，陷地加空劫，退祖業。

**陀羅**：退祖，辛勤度日；加吉星先無後有，加空劫全無。

**火星**：獨守退祖業，會吉星先無後有，加空劫全無。

**鈴星**：退祖，入廟加吉星，自有置；見空劫全無。

**斗君**：過度遇吉星，其年田產倍進。逢凶煞忌耗退敗。

**歌曰**：

紫府廉貞巨祿昌，火鈴日月與機梁。

羊陀先破後才發，武相同居左右良。

## 十一、論福德宮訣

**紫微**：福厚，享福安樂。天府天相同，終身獲吉。破軍同勞心費力不安，加羊陀火鈴空劫忌，福薄。天機同享福終身。

**天機**：先勞後逸。巨門同勞力欠安。天梁同享福。太陰同主快樂。加羊陀火鈴空劫忌，奔走不得寧靜。

**太陽**：忙中發福。太陰同快樂。巨門同費力欠安。天梁同快樂，女人會吉星，招賢明之夫，享福。加羊陀火鈴空劫忌，終身不美之論。

**武曲**：勞心費力，入廟安然享福。破軍同東走西行不寧靜。天相同，老境安康。七殺同欠安康。貪狼同晚年享福。見火鈴星不得安逸，加羊陀操心費力。

**天同**：快樂，有福有壽。巨門同多憂少喜。太陰同享福。天梁同清閑快樂。

**廉貞**：獨守忙中生福。天相同有福壽。天府同安樂無憂。破軍同不守靜，勞心費力。再加羊陀火鈴空劫忌，勞苦終身，末年如意。

**天府**：安靜享福。紫微同快樂。廉貞同身安心忙。武曲同早年辛苦，晚安樂享福。加羊陀火鈴空劫耗忌，勞苦度日。

**太陰**：入廟享福快樂。太陽同極美，僧道亦清潔享福。天機同心忙。天同同安靜無憂。加羊陀火鈴空劫忌，有憂有喜，不得安靜。

**貪狼**：勞心不安。廉貞同福薄。紫微同，晚年快樂。

**巨門**：勞心不安。太陽同有憂有喜。天機同心忙不安。天同同享福。加羊陀火鈴空劫忌，生平多憂。

**天相**：安逸享福，有壽。紫微同快樂。天機同忙中吉。太陽同福壽雙全。加羊陀火鈴空劫忌，不得心靜。

**七殺**：入廟享福。陷地加羊陀火鈴，勞心費力。武曲同欠安。廉貞同辛勤。紫微同先勞後逸，末年方如意遂心。女人單居福德，則必為娼婢。

**破軍**：勞心費力。武曲同欠安。廉貞同辛勤。紫微同安樂。加羊陀火鈴空劫忌，操心不得寧靜。

**文昌文曲**：加吉星入廟，享福快樂。陷地遇羊陀火鈴空劫忌，心身俱不得安靜。

**左輔**：加吉星享福，獨守晚年安寧。加羊陀火鈴空劫忌，辛勤。

**右弼**：生平福祿全美，加吉星一生少憂。見羊陀火鈴空劫忌湊，勞心欠安。

**祿存**：終身福厚，安靜處世。加吉星有喜有福。見羊陀火鈴空劫忌，心身不得寧靜。

**魁鉞**：有貴人為伴，享福快樂。

**擎羊**：入廟動中有福。陷宮勞心欠力。得吉星同減憂。獨守身心不安。

**陀羅**：獨守辛勤，入廟有福祿；陷地奔馳，加吉星晚年有福。

**火星**：欠安，勞力辛勤。加吉星，晚年遂志。

**鈴星**：勞苦。加吉星平和；獨守辛勤。

**斗君**：遇吉其年安靜，逢凶煞不寧。

**歲君**：大小限逢吉則享福，逢凶則勞力辛苦。

**歌曰**

紫府同梁左右昌，羊陀旺地落他鄉。

武貪巨破廉機殺，火鈴陰陽陷地忙。

## 十二、論父母宮訣

凡看父母，以太陽星為父，太陰星為母。太陽在陷宮，主先剋父；太陰在陷宮，主先剋母。如二星俱在陷地，只以人之本生時斷之。日生者父存，夜生者母在。若夜生者太陰星，主母存；反背不明，主母先剋。日生時者，主父在；反背暗晦，主父先剋。余試之屢驗矣。學者宜心識之。再觀本宮，星若刑剋又加惡煞，亦以刑剋斷之。據理忝詳，在乎人之自悟耳。

**紫微**：無剋。天府同亦無刑；加羊陀火鈴空劫忌，亦剋。天相同無刑。貪狼同無煞加，亦無刑。破軍同早剋。

**天機**：廟旺無刑，陷地逢羊陀火鈴空劫忌，二姓寄居，重拜父母或過房入贅。太陰同免刑。天梁同無刑。惟俱要無煞加。有煞加也不免刑傷。巨門同早刑。

**太陽**：入廟無剋，陷地剋父；加羊陀火鈴空劫忌，剋父母早。太陰同，無羊陀湊，父母雙全；湊則遲刑。巨門同加四煞空劫忌，早剋。天梁同無刑。

**武曲**：剋早，退祖業不刑。貪狼同刑剋。七殺同有刑。天相同加羊陀火鈴空劫忌，刑傷。

**天同**：獨守居廟旺，無刑；加四煞，重拜父母。巨門同欠和。太陰同父母雙全。天梁同無刑或退祖業。加羊陀火鈴空劫忌，父母不全。

**廉貞**：難為父母，棄祖重拜。貪狼同早刑。七殺同孤剋。天府同免刑。破軍同早刑。加羊陀火鈴空劫忌，父母不周全。

**天府**：父母雙全。紫微同亦無刑。廉貞武曲同在廟旺，無刑。加羊陀火鈴空劫忌，主傷。

**太陰**：入廟無剋，加羊陀火鈴剋母，不然過房棄祖。太陽同無四煞，父母雙全。天機同無刑。天同同極美。

**貪狼**：陷地早棄祖重拜，過房入贅。廉貞同早刑，主孤單。紫微同無煞加，雙全。

**巨門**：陷地傷剋，棄祖過房。太陽同少和。天機同重拜。天同同退祖則無刑。加羊陀火鈴空劫忌，父母不周全。

**天相**：廟旺無刑。紫微同無刑剋。廉貞同亦刑。加羊陀火鈴空劫，早刑。

**天梁**：陷地加羊陀火鈴孤剋，棄祖入贅，更名寄人育養，免刑。天同同加四煞有刑，無煞無刑。天機同無刑。太陽同剋遲，加四煞空劫亦剋早。

**七殺**：刑剋，早離祖，六親骨肉孤獨。武曲同亦刑。廉貞同刑早。紫微同加吉星無刑。加羊陀火鈴空劫忌，父母不周全。

**破軍**：刑剋，早離祖，更名寄養免刑。武曲同剋早。廉貞同亦早剋。紫微同無刑。

**文昌**：加吉星入廟無刑。加羊陀火鈴空劫忌，刑傷退祖，二姓延生。

**文曲**：獨守入廟無刑。加羊陀火鈴空劫忌，父母俱不周全。

**左輔**：獨守無刑。廉貞同早刑。加文昌相生無刑。加羊陀火鈴空劫忌，刑傷退祖，二姓延生。

**右弼**：獨守無刑。加吉星得父母庇蔭。見羊陀火鈴湊，離祖，二姓安居。

**祿存**：無剋。加空劫羊陀火鈴忌，早年有破父財且刑傷，中年自成家計。

**擎羊**：刑剋早。會日月重拜退祖。加吉星則免刑。

**陀羅**：幼年刑傷。會日月重拜退祖，二姓安居。加吉星入贅過房或重拜，二姓延生。

**火星**：獨守孤剋，二姓延生。加吉星平和。

**鈴星**：刑剋孤單，二姓安居。重拜父母，入贅過房。

**魁鉞**：主父母榮貴。同吉星雙全。

**斗君**：過度逢吉，父母吉利，無災傷得安逸，內外有喜。遇凶則父母不利。

**歌曰**：

紫府陰陽文曲昌，貪狼左右少刑傷。

機月陀羊貞重拜，火鈴武破煞早亡。

紫微斗數 卷二 終

# 新鐫希夷陳先生紫微斗數全書

## 卷三

談星要論
論男女命異同
論人生時安命吉凶
論命先貧後富
論行限分南北斗
論羊陀迭併
論大小限星辰過十二宮遇十二支人所忌訣
論立命行宮歌
論太歲小限星辰廟陷遇十二宮中吉凶
論諸星同位垣各所宜分別富貴貧賤夭壽
論人命入格
論小兒命
論人生時要審的確
論大限十年禍福何如
論流年太歲吉凶煞星
論七殺重逢
論格星數高下
定小兒生時訣
論小兒剋親
論二限太歲吉凶
論陰騭延壽

## 談星要論

首看身、命、祿、馬不落空亡，天空截空最緊，旬空次之。第一先看命宮星吉凶，廟旺化吉、化忌及生剋；次看身宮星曜吉凶生剋；三看遷移、財帛、官祿三方星辰刑沖剋破；四看福德宮權祿、劫空及廟陷。以福德對財帛宮也。身、命、遷移、財、官、福德六宮，名曰：八座俱在。成照聚吉化吉，富貴高壽。六宮俱陷，聚凶化忌，夭壽貧孤。又看父母、妻、子三宮，俱有劫空煞忌，僧道之命；否則孤獨貧窮。

若命宮無正曜者，財官二宮有吉星拱照，富貴全美或偏房庶母所生。三方有惡星沖照，二姓可延生，離祖可保成家。如命宮有正曜，吉星廟旺化吉，三方又有吉星會合，上上之命；如無正曜，吉星三方有見，次之。命宮星辰無吉無凶或吉凶相半者，若三方亦有中等星辰為中格；又命宮星辰入廟旺，三方有惡星守照，破格；又或命星陷背加羊陀化忌，縱得十干祿元來相守化吉，亦為中等之命。若命無吉星，反有凶煞化忌，無祿且落陷為下格之命，若三方有吉星，亦可為中等，先小後大，不能久遠，終為成敗夭折論。若安命星纏陷地又凶煞化忌，且三方又會羊陀火鈴空劫，為下格，貧賤，二姓延生，奴僕之命，否則夭折六畜之命。

## 論人命入格

如命入格，廟旺聚吉，科祿權守，上上之命。不入廟加吉、化吉科祿權次之。命不入廟不加吉，平常命。入廟不加吉，平等。若居陷地又加煞化忌為下格之命，不以入格而論也。又入格不化吉而化凶，只以本命吉凶多寡而斷之。

## 論格星數高下

首看紫府與數相合何如？紫微乃北斗中天帝王星，天府乃南斗主，又有陰陽廟旺相伴者，為數上格；陰陽不相伴，又數不相生為數下格。陰陽純駁為數中格。又三方四正皆有吉星，為星上格。吉凶相伴守照，為星中格。吉星惡煞為星下格，凶徒論。凡星得上格而數得上格，為第一位。凡星得上格而數得中格，為第二位，至三公。星得上格，數得下格為第三位，至六卿，以上皆為上格上壽之人。星得中格而數得下格為第四位，至監司。星中數中為第五位，至縣令。星中數下為第六，異路前程貴顯。以上皆得中等享福之人也。又星得下格而數得上格為第七，衣祿豐足，富比陶朱，子孫繁盛，壽享遐齡；蓋星雖凶而數入格為合局故也，多虛名虛利。星下數中為第八，衣食無虧。星下數下為第九，辛苦奔波，貧窮夭折。上中下三等，依理而斷也。則上可知祖宗之源，下可知子孫之昌盛也。

## 論男女命異同

男女命不同，星辰各別。男命先看身命；次看財帛、官祿、遷移，俱要廟旺為吉，敗陷又聚凶為凶；三看福德，權祿劫空與廟陷吉忌星分佈；四看田宅、妻妾、疾厄宮之吉凶；又看父母、夫妻、子女三宮。若俱有劫空煞忌，則僧道之命，否則貧窮孤獨。須要仔細忝詳，方可斷人禍福榮辱。

女命先看身命吉凶何如。如貪狼七殺擎羊則不美；次看福德宮吉凶，若七殺單居，必為娼婢；三者夫君；四看子息、財帛、田宅，遇吉為吉，若遇桃花及刑煞，要敗絕。若諸吉廟旺不佳，雖是艱辛貧困，亦不為下賤夭折論。女因夫貴，故女命貴格反為無用。以子息、夫君、福德為正強，田宅、財帛為次強。官祿、遷移或逢七殺為陷。

## 論小兒命

小兒博士及力士，上短下長。青龍將軍，腮小頭圓。大耗，鼻仰唇縮。死符及病符，聲高性雄。官符及奏書又逢惡曜，落地無聲。白虎太歲遇七殺，幼弱遭傷。須分生尅制化之理，更看祿星是否落於衰敗之地，爾後方知壽夭窮通。小兒初生，命中星辰廟旺，大小二限無煞忌，斷其災少易養，父母無尅。若命坐惡煞及纏陷地，大小二限逢煞忌，斷其多災難養，刑尅父母。

## 定小兒生時訣

子午卯酉單頂門，或偏左邊二三分。

寅申巳亥亦單頂，偏居右去始為真。
辰戌丑未是雙頂，胞胎受定正時辰。
又
子午卯酉面向天，寅申巳亥側身眠。
辰戌丑未臉伏地，臨盆當試用心堅。

## 論人生時安命吉凶

凡男女生在寅午戌申子辰六陽時，安命在此六宮者吉。生在巳酉丑亥卯未六陰時，安命在此六宮者吉。反之則少遂。

## 論人生時要審的確

如人生子亥二時，最難定準。要仔細推詳。如子時八刻，上四刻屬昨夜亥時，下四刻屬今日子時。如天氣陰雨之際，必須羅經以定真確時候，若差訛則命不準矣。

## 論小兒剋親

如寅午巳酉生人，見辰戌丑未時最毒，子申亥卯生人次之。若寅亥巳生人，見午申酉亥時，主先剋父，若出十六歲後則不妨。若辰巳丑未生人，見子午卯巳亥申酉生時者，主先剋母。

## 論命先貧後富

人生於富貴之家，一生快樂享福，財官顯達，妻榮子貴，奴僕成行，聲名昭著。其間有半途遭傷，人離財散，官非火盜，身喪家亡。此等之命，非因命故，實乃限步差逢也。如大小二限及太歲相沖照，又加凶煞守臨，故此破敗，不貧即損壽也。所謂先成後敗，先大後小是也。

又有人命出身微賤，汲營生活，百工巧藝，九流醫術又或為農圃等輩。初歷艱辛度日，至中末年平地升騰，發財驚駭鄉邦，皆因生在中庸之局，後因限步相扶，星辰逢吉曜兼廟旺，故以此突然發達進祿。所謂先貧後富，先小後大是也。

## 論大限十年禍福何如

須詳分星纏，若全吉且廟旺得地，無擎羊陀羅火鈴空劫忌者，主十年安靜，人財全美。若限內有擎羊陀羅火鈴空劫忌星為伴，成敗不一。又如宮星纏於陷地，值擎羊陀羅火鈴空劫忌，又加流年惡煞湊合及小限巡逢凶煞，則官災死亡立見。大限有吉眾者，無災悔；少者災多，損人破財不利。凡行至寅申巳亥子午宮，遇紫微、天府、天同、太陽、太陰、昌、曲及祿存等吉星，主人財興旺，添丁進口之慶。行至辰戌丑未卯酉，遇惡煞如廉貞、天使、羊、陀、火、鈴、空、劫、忌星，主人酒色荒迷，貧乏死生。遇左右昌曲，仕宦遷官加職，庶民生子發財，婦人喜事，僧道亦利，商賈得益。

凡大小二限及太歲，怕行天傷、天使夾地，怕行天空地劫之地，怕行擎羊陀羅之地及羊陀沖照之歲限。更怕入凶限，又逢傷使劫空羊陀併夾歲限。如天傷在子，天使在寅，歲限在丑宮，此乃併夾也。命逢羊陀尚且兇危，況夾限乎。能否逃過，須看壽星紫微、天同、天梁及貪狼坐命可解。更如月若值惡煞，日亦值惡煞加湊，此大、小、歲、月、日五者，忝祥吉凶推斷。太歲行至天使、天傷、羊、陀、火、鈴、空、劫及忌星，逢一二位，主人離財散，疾病哭泣之兆。若歲限或月日犯一二位，又逢忌星合者，官吏遭謫，常人招橫事，婦人損胎，病者死亡。若惡煞不得地，如風雨暴過。又若於歲限臨之，無吉星來救，其年難過必死。

## 論二限太歲吉凶

須詳大限獨守吉凶何如？小限獨守吉凶何如？太歲獨守吉凶何如？歲限俱凶則凶。又看大限與小限相逢吉凶何如？大限逢太歲吉凶何如？小限逢太歲吉凶何如？

以定禍福。又看太歲沖大限，小限太歲沖羊陀七殺否，然後可斷吉凶。

## 論行限分南北斗

陽男陰女南斗為福；陰男陽女北斗為福。北斗諸星吉凶參半，大限斷上五年，小限斷上半年吉。南斗諸星吉凶參半，大限斷下五年小限斷下半年吉。

## 論流年太歲吉凶煞星

凡太歲，須看三方對照星辰吉凶何如，以定禍福。太歲在命宮行者，禍福猶緊。

如命在子宮，太歲到子，逢吉則吉，逢凶則凶。

## 論陰騭延壽

陰騭延壽生百福，雖然倒限不遭傷。假如有人大小二限及太歲到凶陷地，有延壽不死者，定是其人曾行陰騭，平日利物濟人，反身修德，以作善降福，雖凶不害。如宋郊編萩橋渡蟻是也。又如諸葛亮，火燒藤甲軍，傷人太毒，減壽一紀，當以此忝詳。

## 論羊陀迭併

如庚生人命在卯宮，遷移在酉宮。如遇羊陀流年，亦庚祿居申，流羊在酉，流陀在未。是命在卯宮原有酉宮擎羊，未宮陀羅沖合。而流年又遇流羊流陀沖，謂之羊陀迭併。

## 論七殺重逢

如命中三合原有七殺守照，而流年又遇流羊、流陀沖照，三方又與七殺重逢，此者為禍最毒。入廟災晦減輕，如限地逢忌及卯酉遇擎羊為陷宮，更不利也。然七殺逢吉曜眾亦轉凶化吉，不可一概論凶。擎羊陀羅七殺逢紫微天相祿存，三合拱照可解。

**詩曰：**

羊陀迭併命難逃，七殺重逢禍必遭。

太歲二限臨此地，十生九死不堅牢。

## 論大小二限星辰過十二宮遇十二支人所忌訣

遇此主災晦，官非孝服，火盜破財，刑傷死亡立見。

子生人命忌寅申

假如子年生人，切忌寅申歲限，災晦至重，又忌子午歲限相沖。

丑午生人丑午嗔

假如丑年生人忌午丑歲限，午生人亦忌丑午歲限，又忌七殺星，災晦極重。

寅卯之人防巳亥

假如寅卯人忌巳亥歲限；又忌卯酉寅申相沖。

辰巳切忌本身臨

假如巳生人忌逢巳年，又忌行到巳限；辰生人忌行辰年，又忌行到辰限，為天羅；又忌行到戌為地網。限遇此，有災晦疾厄之險，官非破財之憂，受制連連矣。

申人火鈴災殃重

假如申生人，忌逢火鈴二星，必主災晦至重，又忌寅年沖。

未遇酉戌墓患殷

假如未生人，忌逢酉戌歲限，又忌見擎羊在四墓宮。

戌亥羊陀須避忌

假如戌亥生人，忌遇羊陀，災重。戌生人又行到戌宮歲限為地網，又忌行到辰宮歲限為天羅；謂之：辰戌相沖不美。

酉人陀刃亦非親

假如酉生人，亦忌羊陀星歲限，又忌行卯宮限及卯年歲君相沖。

**歌曰**：

豬犬生人莫遇蛇，辰戌切忌到羅網。

預先整頓衣冠墓，未免生人唱輓歌。

## 論立命行宮歌

**歌曰**：

金人遇離命須傷，木逢乾兌有禍殃。

水遇坤艮應蹇滯，火來坎上禍難藏。

**又曰**：

土命震巽為相剋，須防膿血及驚慌。

縱然吉曜相逢照，未免官災鬧一場。

## 論太歲小限星辰廟陷遇十二宮中吉凶

依此判斷人行年災患，應如神。

### 子年太歲併小限到子宮入廟化吉

七殺、破軍在子宮守歲限，戊癸生人發福；巨門、天機在子守歲，乙辛生人發福；天府、天相在子守歲，甲己生人發福；天同在子守歲，丙丁壬癸生人發福。

### 子年太歲併小限到子宮不入廟化凶

紫微在子宮守命及歲限，丙壬癸生人悔吝，破財災殃。

### 子年太歲所值吉凶星

紫微、祿存、天機、天同、太陰、昌曲、輔弼、破軍、天相、武曲、天府、巨門、七殺、天梁、貪狼及巨門，可斷其人財兩美，事事遂心。若遇廉貞、忌星、太陽及擎羊，便斷人財耗散，官災孝服。若本身即災晦不寧，減半論之。

### 丑年太歲併小限到丑宮入廟化吉

天機在丑守命，乙丙辛壬生人發旺；天相癸生人發旺；太陰丁庚壬生人發福；天府、廉貞甲生人發旺；天梁丁庚壬生人發旺。

## 丑年太歲併小限到丑宮不入廟化凶

太陰太陽星在丑宮守命，甲乙生人悔吝；天機丁庚生人悔吝；天同丁庚戊生人招官非。

### 丑年太歲所值吉凶星

紫微、天相、天梁、太陰、天府、祿存、廉貞、破軍、昌曲、武曲、貪狼及輔弼，可斷其年事事遂心。若遇天同、巨門、天機、忌宿、太陽及擎羊，便斷其年人財耗散，官災口舌及孝服。若本身已遭晦，減半論之。

### 寅年太歲併小限到寅宮入廟化吉

紫微、武曲在寅守命，甲己生人財官雙美；太陽庚辛生人發旺；天梁丙丁壬生人發旺；七殺戊生人發旺。

**寅年太歲併小限到寅宮不入廟化凶**

廉貞、破軍及貪狼，癸生人招官非；子生人不喜寅申歲限。

**寅年太歲所值吉凶星**

紫微、天府、天機、太陰、武曲、七殺、天同、天相、太陽、巨門及天梁，便斷其人財進益，作事遂心。若遇貪狼、陀羅及忌星，便斷其年人財破散。若官非孝服本身已見，減半論之。

**卯年太歲併小限到卯宮入廟化吉**

紫微、天府及武曲在命，己生人發旺；太陽、天同丁生人發旺。

**卯年太歲併小限到卯宮不入廟化凶**

廉貞丙壬癸生人橫破財；太陰甲乙庚生人財破災害，庚生人更不宜，主災害。

**卯年太歲所值吉凶星**

太陽、天梁、紫微、天機、天府、貪狼、巨門及七殺，即斷其年人財興旺，婚姻喜事重重，諸事稱心。若遇廉貞、破軍、太陰、天相、天同、擎羊及忌宿，其年破財，官災口舌。若本身已遭晦，減半論之。

**辰年太歲併小限到辰宮入廟化吉**

紫微在辰宮守命，甲己癸生人財官祿旺；貪狼、七殺，戊生人發福；天機、太陽，丁生人財祿發旺；天同丙丁辛生人順遂；巨門丙辛生人遂意。

**辰年太歲併小限到辰宮不入廟化凶**

貪狼、武曲在辰，壬癸生人災晦；天同、巨門，丁庚生人災晦；廉貞丙壬生人災晦至重；太陰、太陽、天機，乙生人災晦。

**辰年太歲所值吉凶星**

太陽、天機、天梁、七殺、貪狼、文昌、左輔、右弼、紫微、廉貞、天相、天府及破軍，便斷其年財祿大進，益利家道，更加興隆。添丁進口，婚姻喜慶重重。若遇天同、太陰、巨門及忌宿，便斷其年破財、孝服、官災口舌。

**巳年太歲併小限到巳宮入廟化吉**

紫微、破軍，甲戊生人發福；天相癸巳生人發福；天同、巨門、天梁，丙壬生人發福；太陰丁庚壬生人發福；天機丙辛生人發福；貪狼甲戊己生人發福。

**巳年太歲併小限到巳宮不入廟化凶**

巨門甲丁戊庚生人口舌災晦；貪狼丙壬癸生人口舌災晦；太陰甲乙戊生人，破軍丙壬癸生人災晦多端。

**巳年太歲所值吉凶星**

紫微、太陽、天同、天府、祿存、巨門及天相，便斷其年人財稱意，喜事重重。若遇武曲、廉貞、貪狼、天梁、破軍及忌星，便斷其年人財損失，官災口舌。如本身已有病患，減半論之。

**午年太歲併小限到午宮入廟化吉**

紫微、武曲、廉貞，甲己生人進財遂心；天同、天梁，丙丁壬生人進財遂心；

七殺、破軍，戊生人進財遂心；太陽壬辛庚生人進財遂心。

**午年太歲併小限到午宮不入廟化凶**

貪狼在午，癸生人破財官災口舌。

**午年太歲所值吉凶星**

紫微、天府、天機、太陽、武曲、天相、巨門、天梁、破軍、祿存及貪狼，便斷其年人財興旺，婚姻喜慶重重。若值太陰、廉貞、天同、羊刃及忌星，便斷其年人財破敗，官災口舌孝服。如本身災厄可免。

**未年太歲併小限到未宮入廟化吉**

紫微、天府，甲生人發福；天機、天梁，壬生人發福；天相癸生人發福；太陰丁庚壬生人發福生財。

**未年太歲併小限到未宮不入廟化凶**

太陽甲乙生人多災晦；天同丁庚戊生人多災；武曲丙壬癸生人招官非橫禍。

**未年太歲所值吉凶星**

紫微、天府、廉貞、破軍、天相、太陽、武曲及貪狼，便斷其年人財增益，作事如意，婚姻產育之喜。若遇太陰、天同、巨門、天機及忌宿，便斷其年人財耗散，孝服官災，小人口舌不寧。如本人已有災厄可免。

**申年太歲併小限到申宮入廟化吉**

廉貞、破軍、紫微，己生人發福；巨門辛生人發福；天機丙丁壬生人發福，庚生人亦發財發福。

**申年太歲併小限到申宮不入廟化凶**

天機乙戊庚生人災晦；巨門丁生人不宜；廉貞丙壬癸生人有災；天同乙戊庚災禍；貪狼丙癸生人有災禍。

**申年太歲所值吉凶星**

紫微、太陽、廉貞、天府、巨門、七殺、文曲、武曲、天機、天同、天相、太陰、破軍及祿存，便斷其年人財利益，喜事重重。若遇陀羅及忌星，便斷其年人財散失，官非孝服。如本身災病，減半論之。

**酉年太歲併小限到酉宮入廟化吉**

紫微酉宮守命，甲戊己生人進財吉利；太陰天梁酉宮守命，丁庚壬生人進財吉利。

**酉年太歲併小限到酉宮不入廟化凶**

太陽、天同乙生人不宜；武曲、廉貞丙壬癸生人不宜；天相丙人不宜；天府壬生人不宜。

**酉年太歲所值吉凶星**

祿存、紫微、天府、昌曲、左右、天機、巨門及武曲，便斷其年人財興旺，作事遂心。若值天同、廉貞、擎羊及忌星，便斷其年人離財散，口舌官非。

**戌年太歲併小限到戌宮入廟化吉**

紫微甲己癸生人進財；太陰丁庚丙壬生人吉慶；武曲甲戊己生人吉慶；天機壬丙丁生人發福；巨門辛丙生人發福；天同丙辛壬生人發財；廉貞甲己生人發財；破軍七殺戊生人發財。

**戌年太歲併小限到戌宮不入廟化凶**

貪狼壬癸生人不宜；天同乙丁戊庚生人不宜；天機乙戊庚生人不宜；巨門甲丁庚生人不宜；太陽甲乙丁生人不宜；廉貞丙壬生人不宜；武曲丙壬癸生人不宜。

**戌年太歲所值吉凶星**

天機、太陰、天梁、天府、武曲、七殺、貪狼、左右、破軍、紫微及天相，便斷其年人財利益，作事遂心，家道興隆。如遇巨門、太陽及忌宿，便斷其年人財退失，孝服官災。本身見病，減半論之。

**亥年太歲併小限到亥宮入廟化吉**

紫微甲戊己生人吉慶；天同、巨門乙丙辛生人吉慶；天梁丙丁壬生人吉慶；天機丙辛生人吉美；天相己癸生人吉美；太陰丁庚壬生人財官雙美。

**亥年太歲併小限到亥宮不入廟化凶**

廉貞、武曲丙壬癸生人不宜；太陽甲乙丁生人不宜。

**亥年太歲所值吉凶星**

天同、太陰、紫微、天府、昌曲及祿存，便斷其年人財進益，喜事重重，謀事俱稱心懷。若遇廉貞、破軍、七殺及天梁，便斷其年人財耗散，牲口死亡。本身災晦，減半論之。

## 論諸星同位垣各所宜分別富貴貧賤夭壽

**紫微**

廟 午丑未　旺 寅卯巳申亥酉　地 辰戌　平 子　無陷

紫微居午無刑忌，甲戊己命至公卿。

加刑忌平常。刑乃擎羊也。

紫微居子午，科祿權照最為奇。

科祿權三方照是也。為仰面朝斗格。

紫微男亥女寅宮，甲己生人富貴同。

男女皆同也。

紫微居卯酉，劫空四煞逢，多為脫俗之僧。

四煞：羊陀火鈴也。

紫微天府全依輔弼之功。

紫府得輔弼同垣及三方拱照嘉會，終身富貴。

紫府同宮無煞湊，甲己人享福終身。

紫府同在寅申宮守命，六甲己人富貴。

紫府朝垣活祿逢，終身福厚至三公。

命坐寅申再加吉星妙。

紫府夾命為貴格。

紫府日月居旺地，定斷公侯器。

紫午府丑無煞加，日月亦居廟旺，又逢化祿是也。

紫府武曲臨財帛，更兼權祿富奢翁。

得左右祿存亦同。

紫微輔弼同宮，一呼百諾居上品。

或於三方會照為次吉，在財帛宮為財賦之官。

紫府武曲居遷移為巨商。

得武曲在遷移者吉。

紫祿同宮左右照，貴不可言。　紫微昌曲富貴可期。

紫微七殺化權，反作禎祥。

紫微太陰煞曜逢，一生曹吏逞英雄。

紫微破軍無左右與吉曜，凶惡胥吏之徒。

紫微武曲破軍會羊陀，欺公禍亂。

紫微祿權遇羊陀，雖獲吉而無道。

只宜經商

紫微七殺加空亡，虛名受蔭。

紫破臨辰戌丑未再加吉曜，富貴堪期。

為人心術不正。

紫破辰戌，君臣不義。

安祿山、趙高是也。

紫破貪狼為至淫，男女邪淫。女命紫微太陽星，早遇賢夫信可憑。

女命紫微在寅午申宮，吉且貴美，旺夫益子。陷地平常。惟子酉及巳亥加四煞，美玉沾玷。

**天府**　　廟 子丑寅辰戌未　旺 午酉　地 卯巳申亥　無陷

天府戌宮無煞湊，甲己人腰金又且富。

加四煞有瑕

天府天相天梁同，君臣慶會。

天府居午戌，天相來朝，甲人一品之貴。

府相朝垣千鍾食祿。

命寅申，府相在財帛、官祿朝者，上格，別宮次之。

天府祿存昌曲，巨萬之資。

有左右祿存亦美。

天府昌曲兼左右，高第恩榮。

天府武曲居財帛，更兼祿權富奢翁。

有左右祿存亦美。

**天相** 廟 子丑寅午申 地 辰巳未戌亥 陷 卯酉

天相廉貞擎羊夾，刑杖難逃。

終身不美，招橫禍，只宜僧道。

天相之星女命纏，必當子貴與夫賢。

女命己生子宮；甲生午宮；癸生辰宮，俱是貴格。

右弼天相福來臨。

女命天相右弼諸宮吉。子宮癸生人；寅宮癸己生人；申宮甲癸生人，俱是貴格。辰巳戌未亥宮不貴；卯酉少福。

## 天梁

廟 子丑寅卯辰午未戌申　地 酉　陷 巳亥

天梁月曜女淫貧

梁巳亥，陰丑未，主淫佚；不陷衣祿遂。如陷，下賤。

天梁守照吉相逢，平生福壽。

在午位極佳。

天梁居午，官資清顯位朝堂。

丙丁壬生人合格。

梁同機月寅申位，一生利業聰明。

梁同巳亥，男多浪蕩女多淫。

加刑忌煞湊，多下賤。

天梁太陽昌祿會，臚傳第一名。

天梁文昌居廟旺，位居臺綱

梁武陰鈴，擬作棟梁之客。

太陰天梁，卻做飄蓬之客。

梁居酉，月居巳是也。

天梁天馬，為人漂盪風流。

天梁加吉坐遷移，巨商高賈。

加刑忌平常。

**天同**

廟 巳亥

旺 子申

利 寅

平 酉卯辰戌

不得地 丑未

陷 午

天同會吉壽元長　同月陷宮加煞，技藝營生。

天同會擎羊居午位，丙丁生人鎮禦邊疆。

為馬頭帶箭，富且貴。

天同戌宮遇化忌，丁人命遇反為佳。

女命天同必是賢。

丙丁壬生人命坐寅，辛人命卯，丙辛壬生人命坐戌入格。巳亥逢此化吉，雖美必淫。

**天機** 廟 子午 旺 卯酉 利 辰戌 得 寅申 平 巳亥 陷 丑未

機梁會合善談兵，居戌亦為美論。

孟子遷移戌宮有機梁。

機梁守命加吉曜，富貴慈祥。

加刑忌，僧道。

機梁同照命身又逢空，宜僧道。

機同單守命身，又逢空亡。

機月同梁作吏人。

命在寅申方論，加吉亦不論。無吉無煞亦是平常人，逢四煞空劫化忌，為下格。

巳亥天機遇太陰，暮夜經商無眠睡。

遇凶星，奔波。

天機與惡煞同宮，狗偷鼠竊。

天機巳亥逢，好飲離宗奸狡重。

巨門落陷會天機為破格。

女命在寅申卯酉，雖富貴，不免淫欲下賤。福不全美。

**太陽**　廟 寅卯午　旺 辰巳　得 未申　平 酉　不得地 丑　陷 戌亥子

日照雷門午卯地，晝生富貴聲揚。

太陽居午，庚辛壬人富貴雙全。

太陽文昌在官祿，皇殿朝班。

文曲同亦然。

太陽化忌主是非，日生目還傷。

日落未申在命位，為人先勤後懶。

女命端正太陽星，早配賢夫信可憑。

**太陰**

廟 亥子丑　旺 寅酉戌　利 申　不得地 未　陷 午辰巳卯

太陰居子，庚丁壬生人富貴忠良。

夜生人合局

太陰合文曲於妻宮，蟾宮折桂。

文昌同亦然，在身命，巧藝之人。

太陰武曲祿存同，左右相逢富貴翁。

太陰羊陀，必主人離財散。

月朗天門於亥地，登雲職掌大權。

丁庚生人夜時生合局，不貴則大富。

月曜天梁，女淫貧。

太陰寅申巳，多主淫貧，或偏房侍婢。若文昌文曲同於夫宮，必招配賢明之夫。

太陽太陰拱照

日巳月酉宮，命步蟾宮。

日卯月亥安命，未宮多折桂。

日月同位命安丑，侯伯之材。

日月命身居丑未，三方無吉反為凶。

辰戌身命更凶。

日月守命，不如照合並明。

守命吉多主吉，凶多主凶。若吉少亦不為美之論。

日辰月戌並爭耀，權祿匪淺。

日月夾命加吉曜，不權則富。

加羊陀沖守，宜僧道。

日月最嫌反背。

如日月同宮，看人生時。日喜太陽，夜宜太陰。若反背，日戌月辰；日亥月巳，若出外離宗成家也吉。勿概以反背論。

陰陽左右合為佳。

日月羊陀多剋親。

日月陷宮逢惡煞，勞碌奔波。

日月更加桃煞會，男多奸盜女多淫。

日月疾厄命逢空，腰駝目瞽。

如日月在疾厄宮，逢空亡，必主腰駝目瞽；命宮亦然。

**文昌** 廟 丑巳酉 利 卯亥未 得 申子辰 陷 寅午戌

文昌武曲，為人多學多能。

身命立四墓辰戌丑未，加三方科祿權論。

文星拱照，賈誼少年登科。

論三方。

左輔文昌，位至三台。

文昌武曲於身命，文武兼備。

孫臏之命是也。

## 文曲

廟 丑巳酉　旺 卯亥未　得 申子辰　平 寅　陷 午戌

二曲廟垣逢左右，將相之材。

文曲宜丑巳酉；武曲宜四墓。

二曲旺宮，威名赫奕。

文曲丑宮第一，巳酉次之；武曲辰宮第一，丑未次之。

二曲破軍入丑地，限防溺水之憂。

## 文昌文曲

昌曲夾命最為奇。

假若命在丑宮，文昌在寅，文曲在子是也，不貴即富，吉多方論。此為貴格。

昌曲臨於丑未近天顏。

賈誼昌曲未宮，命丑宮。在命兼化吉者方論。

昌曲巳亥臨，不貴即大富。

昌曲會吉星居臨官，謂之玉袖天香。

更得紫微居午宮尤妙。

昌曲陷宮逢凶煞，破虛譽之名。

凶煞即羊陀空劫。

昌曲陷於天傷，顏回夭折。

己辛生人昌曲，限逢辰戌處投河。

大小二限俱到，又命坐辰戌者，如入廟吉。

昌曲貪狼於巳亥，當遭刑，不善且虛誇。

貪狼多做事顛倒，子申二宮昌曲廟旺，吉多貴美。

昌曲祿存，猶為奇特。

昌曲破軍臨虎兔，煞羊沖破主奔波。

虎兔即寅卯宮是也。

昌曲左右會羊陀，當生異痣。

女人昌曲，聰明富貴且多淫。

**武曲**

| | |
|---|---|
| 廟 | 辰戌丑未 |
| 旺 | 子午 |
| 得 | 寅申 |
| 利 | 卯酉 |
| 平 | 巳亥 |
| 無失陷 | |

武曲廟垣，威名赫奕。

安命在辰戌丑未宮為四墓是也。

二曲天相文昌逢，巧藝定無窮。

武曲或與天相同垣逢昌曲。

武曲逢祿馬交馳，發財遠郡。

武曲魁鉞居廟旺，財賦之官。

武曲居遷移，巨商高賈。

吉多方論。

武曲貪狼財宅位，橫發資財。

武曲廉貞貪殺逢，便作經商。

武曲貪狼加煞忌，技藝之人。

武曲破軍，破祖破家勞碌。

武曲破軍於卯地，木壓雷震。

武曲劫煞會擎羊，因財持刀。

武曲羊陀兼火宿，因財喪命。

武曲之星為寡宿。

婦奪夫權方免剋，若兩剛相敵，必主刑剋生離。

**貪狼**　廟 辰戌丑未　旺 子午　利 卯酉　平 寅申　陷 巳亥

貪狼四墓遇火鈴，豪富家資侯伯貴。

辰戌宮佳，丑未宮次之。若守照俱可論吉。

貪狼入廟壽元長　貪狼會煞無吉曜，屠宰之人。

貪狼子午卯酉，鼠竊狗偷之輩，終身不能有為。

癸生人命坐貪狼居子午宮；壬丙癸生人居卯酉是也。

貪狼加吉坐長生，壽考永如彭祖。

貪狼巳亥加煞，不為屠戶即遭刑。

享福不久。

貪武同行居墓地，晚景邊夷折服。

三十年後發財，命坐貪狼，武曲守照，辰戌宮佳，丑未宮次之。

貪武同行，先貧而後富。

多利己損人。若命有紫微、日月、左右、昌曲等吉曜，限逢祿科權則貴顯論。

貪武申宮為下格。

化忌方論。

貪狼加煞同廉貞，女偷香而男鼠竊。

貪武四生四墓宮，破軍忌煞百工通。

貪狼武曲同守身無吉會，命反不長。

命無吉曜，身有貪武，孤貧。

貪武破軍無吉曜，迷花戀酒以忘身。

或作手藝。

貪武會煞，貪財無厭作經商。

貪狼廉貞同度，男多浪蕩女多淫。

貪狼居亥子，名為泛水桃花。

男女貪花迷酒喪身，有吉曜則吉。

貪狼遇忌，號曰風流杖彩。女命貪狼多忌妒。

在巳亥遇羊陀，多忌妒之流，逢祿馬不美。

**廉貞**　廟 寅申　利 辰戌丑未　平 子午卯酉　陷 巳亥

廉貞未申宮無煞加，富貴聲揚播遠名。

雄宿朝元格，加煞平常。

廉貞卯酉宮加煞，公胥無面官人。

或巧藝之人。

廉貞暗巨，曹吏貪婪。

廉貞貪殺破軍逢，武曲遷移作兵戎。

恐是文曲。

廉貞七殺居廟旺，反為積富之人。

殺居午，奇格。若陷地化忌貧賤殘疾。

廉貞破火居陷地，自縊投河。

廉貞七殺居巳亥，流蕩天涯。

仲由猛烈，廉貞入廟遇將軍。

命居申宮，二星值之。

廉貞四煞遭刑戮。

同羊陀火鈴是也，若限步此星同，必遭刑戮。

廉貞白虎，刑杖難逃。

流年太歲併小限坐宮，又值白虎加臨，主官非遭刑杖。

廉貞破煞會遷移，死於外道。

廉貞七殺逢羊刃居官祿，枷杻難逃。

廉貞清白能相守。

女人甲己庚生人，安命申酉亥子宮；甲生人安命寅卯巳午是也。

**巨門**

| | |
|---|---|
| 廟 | 寅卯申酉 |
| 旺 | 子巳午亥 |
| 平 | 辰戌 |
| 不得地 | 丑未 |

巨日寅申宮立命，先馳名而食祿。

巨門子午科祿權，石中隱玉福興隆。

富而且貴，辛乙生人上格，丙丁癸次之。

巨日命立申亦妙。巨在亥宮命居巳，食祿馳名。

巨在巳宮命居亥，反為不佳。

蓋因亥宮為太陽落陷宮位也。

巨日拱照亦為奇。

假如命立寅宮，日在午，巨在戌是也。吉多方論。

巨機居卯酉，乙辛丙人至公卿。

不貴即富，遇煞則為破格論。

巨機酉上化吉者，縱有財官也不榮。

如孤貧多有壽，巨富即夭亡。加化忌尤凶。

巨門辰宮化忌，辛人命遇反為奇。

巨機丑未為下格。

巨門陀羅必生異痣。

巨門羊陀於身命疾厄，羸黃困弱盜或娼。

巨門陷地逢四煞為凶。

巨火羊陀逢惡曜，防縊死投河。

巨火鈴星逢惡限，死於外道。

巨門天機為破盪。

女命巨機於卯酉，雖富貴，不免淫佚，若陷地，下賤。

**七殺**

| 廟 | 旺 | 得 | 利 | 平 | 無失陷 |
|---|---|---|---|---|---|
| 辰戌丑未 | 子午 | 寅申 | 卯酉 | 巳亥 | |

七殺寅申子午，一生爵祿榮昌。

為七殺朝斗格。

七殺破軍專依羊鈴之虐。

七殺廉貞同位，路上埋屍。

若廉貞會耗於遷移，亦然。若陷地加化忌，尤凶。

七殺破軍宜出外，諸般手藝不能精。

七殺臨身命，流年刑忌災傷。

逢紫微、天相、祿存可解。

殺臨絕地會羊陀，夭折。

七殺重逢四煞，腰駝背曲陣中亡。

殺與鈴火主陣亡，又有疾厄。

七殺火羊，貧且賤為屠宰之人。

七殺羊陀會生鄉為屠宰。

七殺羊鈴，流年白虎，刑戮災迍。

七殺流羊加官符，離鄉遭配。

歲限俱到。

七殺守照命宮，歲限亦臨逢羊陀，主凶亡。

即七殺重逢是也，餘宮亦忌命限三合會殺。

七殺沉吟福不榮。

男有威權，女無所施。

七殺臨身終是夭。

七殺單居福德，女人賤無疑。

**破軍**

| 廟 | 旺 | 得 | 平 | 陷 |
|---|---|---|---|---|
| 子午 | 辰戌丑未 | 寅申 | 巳亥 | 卯酉 |

破軍子午宮無煞湊，官資清顯至三公。

甲戊生人合格，己生人次之，丙癸生人主困。

破軍貪狼逢祿馬，男多浪蕩女多淫。

破軍文曲同入水鄉，水中作塚。

破與巨若不同垣，會照命宮或犯遷移亦然。

破軍火鈴，奔波勞碌。

破軍一曜性難明。

男女命論

破耗羊鈴官祿位，到處求乞。

又貪狼在子午卯酉者亦然，詳前註解。

**擎羊** 廟 辰戌 丑未 陷 子卯 午酉

擎羊入廟，富貴聲揚。

加吉方論

羊火同宮，威權壓眾。

辰戌人佳，丑未次之。

羊陀鈴火守命，腰駝背曲之人。

擎羊子午卯酉，非夭折即主刑傷。

午凶卯次之，子酉又次之。馬頭帶劍，吉多勿論。

擎羊逢力士，李廣難封。

甲生人命卯，丙生人命午，庚生人命酉，壬生人命子，吉多平常，加煞則凶。

羊陀火鈴逢吉發財，凶則忌。

羊鈴坐命，流年白虎災傷。

流年白虎又到命宮也。

擎羊守命宮，歲迭羊陀更命凶。

餘宮亦忌，守命宮有羊陀流年遇，為羊陀迭併也。

羊陀夾忌為敗局。

若命在申宮，祿存正坐，則羊在酉，陀在未而夾之。又逢忌星是也。命歲二限行至此亦凶。孤貧刑剋。若祿存單守無吉星同垣，亦有災殃之凶。

羊陀流年刺面斑痕新

擎羊重逢流羊陀，傾國西施亦殞身。

歲限重逢

**陀羅**　廟 辰戌丑未　陷 寅巳申亥

陀羅巳亥寅申，非夭折即主刑傷。

余試之得多離祖出外成家者亦吉。其人多有破相。

**火星**　廟 寅午戌　利 亥卯未　得 己酉丑　陷 申子辰

火鈴相遇，名鎮諸邦。火鈴夾命為敗局。

如安命在寅，火星在丑，鈴星在卯，吉多尚可。唯夾忌為凶。歲限巡遊此地亦凶。

**鈴星**　廟寅午戌　利亥卯未　得巳酉丑　陷申子辰

火鈴旺宮會貪狼，亦為福論。女命擎羊火鈴為下賤。

女人廟旺猶可，陷地下格貧賤夭折。

**魁鉞**

魁鉞夾命為奇格。

如安命在辰宮，魁在卯，鉞在巳宮是也。

魁鉞命身多折桂。

如吉方論。在身命最妙，三方次之。

魁鉞昌曲祿存扶，刑煞無沖台輔貴。

命身妙，三方次之。見刑煞沖會者，平常。只宜僧道。

魁鉞逢煞湊，痼疾尤多。

煞乃羊鈴空劫。

魁鉞輔星為福壽。

二星在命諸宮，福壽雙全。

## 左輔右弼

左右文昌，位至台輔。

左右夾命為貴格。

如安命在丑宮，左輔在子宮，右弼在寅宮。三、九、十一月生，命立未丑宮是也。若不貴則大富。

左輔右弼，終身福厚。

在命宮遷移是也。三方次之。

左右同宮，批羅衣紫。

丑宮安命，十月生者；未宮安命，四月生者。三方勿論。

左右單守命宮，離宗庶出。

身命無正曜是也。若三方合紫微天相天府吉。

左右會羊遭刑盜。

左右昌曲逢羊陀，當生異痣。

左右財官夾拱，衣祿豐盈。

左右魁鉞為福壽。

四星在命宮論，福壽全美。若女命逢之，旺夫益子。

**祿存**

諸宮皆入廟。

祿存守於田宅，積玉堆金。

在命亦可。喜化祿同科權，更妙。

祿存子午位，遷移身命逢之利祿宜。

明祿暗祿，位至公卿。

雙祿重逢，終身富貴。

祿逢沖破，吉也成凶。

雙祿守命，呂后奪權。

祿存厚重多衣祿。

諸宮降福，起家富貴。女人嫁賢夫，招贅旺財。

**天馬**

祿馬最喜交馳。

忌見七殺、羊火等煞，截路空亡多主勞苦。

天馬四生入妻宮，富貴還當封贈。

馬遇空亡，終身奔走。

**科祿權**

科祿權合，富貴雙全。

祿存亦是祿，祿會祿存，富貴全美。權會巨武名揚。科會魁鉞貴。在命宮極佳，三方次吉，吉聚亦同。凶多則不美，謂之美玉沾瑕。

祿權命逢合吉曜，威權壓眾相。

權祿重逢，財官雙美。

論三方吉多方吉，凶聚也不美。

科命權朝，登庸甲第。

或權或祿均可，全會更佳，為權祿逢迎格。

活祿子午位遷移，夫子文章冠世。

遷移在子午宮為對面朝命垣，太陽化祿在午宮，合此格。餘宮要看三方吉凶而論。

科權祿夾為貴格。

如命安在子宮，祿在亥宮，權在丑宮為夾貴，餘倣此。

權祿相會逢煞湊，虛譽之榮。

科名陷於凶鄉，苗而不秀。

如日戌月卯化科陷地，或加羊陀劫空。

祿主纏於弱地，命不主財。

權祿守財福之位，出世榮華。

權祿吉星奴僕位，縱然官貴也奔波。

**劫空**

劫空夾命為敗局。

假如命安在亥，劫在子宮，空在戌宮是也。歲限行到亦凶。夾忌更凶，孤貧刑傷。

劫空臨限，楚王喪國綠珠亡。

生逢劫空，猶如半天折翅。

劫空臨財福之鄉，生來貧賤。

**傷使**

天傷加惡曜，仲尼絕糧鄧通亡。

**命宮**

三夾命凶六夾吉。

三夾是劫空火鈴羊陀是也·；六夾是紫府左右昌曲魁鉞科權祿日月是也。若三夾在命則凶多吉少，雖本宮星曜吉也凶。若六夾命宮，雖凶也吉。身命三方乃看廟旺是也。

命無正曜，二姓延生。

或過房出繼、隨母繼拜、入贅或又是庶母所生。

命逢吉曜，松柏清秀也難凋。

身命宮有吉星，縱太歲或大小二限不利，未必為凶；太歲或二限有凶，且本生人所忌方凶。

限逢凶曜，柳綠桃紅而易謝。

命逢凶限，若廟旺猶發達；行限逢凶星且落陷必凶。

命實運生如旱苗而得雨。

如命宮三方有吉星，又限行美地為福。

命衰運弱如嫩草而遭霜。

如命坐陷忌，歲限又逢惡曜，必刑傷死亡。

命有吉星逢煞聚，縱有財官也辛苦。

生逢敗地，發也虛花。

命宮星陷逢忌又立敗地，縱行美限，發過即敗，難以長久。

絕處逢生，花而不敗。

命宮與三方有吉，縱行凶限又臨絕地，雖凶多也吉。

**身宮**

三夾身凶六夾吉。

夾忌劫空火鈴羊陀凶，六夾貴，逢吉甚妙。

身命俱吉，富貴雙全。

身吉命凶，亦為美論。

命弱身強，財源不聚。

貪武守身命無吉拱，反不為良。

**財帛**

日月夾財加吉曜，不貴則富。

如財帛宮在未，天府星守；日在午，月在申夾財是也。餘倣此。

左右財官兼夾拱，衣祿豐隆。

如左右同財帛或官祿又或財官居未，左輔在午，右弼在申，乃是夾也。

**財宅**

紫微輔弼多為財賦之官。

武曲太陰多居財賦之任。

武曲太陰無法同限度，此意係指財帛宮遇武曲或遇太陰，主為人多居財賦之任。

紫府武曲居財帛，更兼權祿富奢翁。

武曲貪狼於財宅，橫發資財。

忌空亡。

祿存守於田宅，堆金積玉。

**財福**

權祿守財福之位，出世榮華。

劫空臨財福之鄉，生來貧賤。

紫微斗數 卷三 終

# 新鐫希夷陳先生紫微斗數全書

## 卷四

# 古今富貴貧賤夭壽命圖

## 孔仲尼命

| | | | |
|---|---|---|---|
| 武曲 權 破軍 天傷<br>**奴僕**<br>臨官 大耗 | 太陽 祿<br>**遷移**<br>帝旺 伏兵 | 天府 天鉞 陀羅 天刑 天使<br>**疾厄**<br>衰 官符 | 天機 科 太陰 祿存 天哭<br>**財帛**<br>病 博士 |
| 天同 忌 文曲 天虛<br>**官祿**<br>冠帶 病符 | 陽男<br>庚戌年十一月初一日子時生<br>壬戌年七十三歲四月初二故 | 火六局 | 紫微 貪狼 擎羊<br>**子女**<br>死 力士 |
| 鈴星<br>**田宅**<br>沐浴 喜神 | | | 巨門 文昌<br>**夫妻**<br>墓 青龍 |
| 左輔 天馬 龍池<br>**福德**<br>長生 飛廉 | 廉貞 七殺 天魁 火星<br>**父母**<br>養 奏書 | 天梁 右弼 八座 鳳閣<br>**命宮／身宮**<br>胎 將軍 | 天相 天空 地劫 地空<br>**兄弟**<br>絕 小耗 |

文章冠世，年六十一，陳絕糧盡；蓋大限在巳，劫空逢天傷。七十三歲小限在天羅，哭虛會照，太歲入地網，生人有忌故。

## 子路之命

| | | | |
|---|---|---|---|
| 天梁 天鉞 火星 天刑 天哭<br>**子女**<br>病 喜神 | 七殺 文曲 八座<br>**夫妻**<br>衰 飛廉 | 天虛<br>**兄弟**<br>帝旺 奏書 | 廉貞 文昌 天馬 三台<br>**命宮**<br>臨官 將軍 |
| 紫微 天相<br>**財帛**<br>死 病符 | 陰男<br>癸丑年九月初九日寅時生<br>甲申年三十二歲三月初三故 | 木三局 | 地空<br>**父母**<br>冠帶 小耗 |
| 天機 巨門 權 天魁 天使<br>**疾厄**<br>墓 大耗 | | | 破軍 祿<br>**福德**<br>沐浴 青龍 |
| 貪狼 忌 右弼 天空<br>**遷移**<br>絕 伏兵 | 太陽 科 太陰 擎羊 地劫 天傷<br>**奴僕**<br>胎 官符 | 天府 武曲 左輔 鈴星 祿存<br>**官祿／身宮**<br>養 博士 | 天同 陀羅<br>**田宅**<br>長生 力士 |

此為府相朝垣格，且紫微諸吉星拱合，所以為賢士。但命宮廉貞將軍主勇猛，更對垣遇貪狼忌星拱命，故主凶亡。果死於孔悝之難。

## 顏亞聖命

辛酉年四月二十日卯時生

陰男

壬辰年三十二歲六月初四故

木三局

| 田宅 | 官祿 | 奴僕 | 遷移／身宮 |
| --- | --- | --- | --- |
| 截空<br>將軍 病 | 天機 天魁 火星<br>小耗 衰 | 紫微 破軍 文昌忌 文曲科 左輔 右弼 天傷<br>青龍 帝旺 | 陀羅 地空<br>力士 臨官 |
| 福德：太陽權<br>奏書 死 | | | 疾厄：天府 祿存 天使 天哭<br>博士 冠帶 |
| 父母：武曲 七殺 天虛<br>飛廉 墓 | | | 財帛：太陰 擎羊 天空<br>官符 沐浴 |
| 命宮：天同 天梁 天鉞 地劫 三台<br>喜神 絕 | 兄弟：天相 鈴星 龍池 鳳閣<br>病符 胎 | 夫妻：巨門祿 天刑 八座<br>大耗 養 | 子女：廉貞 貪狼 天馬<br>伏兵 長生 |

命坐魁鉞，惟逢科忌昌曲陷於天傷，故不能發達。大限七殺會哭虛，壬辰年太歲流羊流陀併迭故死。

## 孟軻之命

庚申年三月初一日子時生

陽男

甲寅年五十五歲七月初五故

金四局

| 父母 | 福德 | 田宅 | 官祿 |
| --- | --- | --- | --- |
| 天府<br>大耗 長生 | 太陰科 天同忌 左輔 三台<br>伏兵 沐浴 | 武曲權 貪狼 天鉞 陀羅 截空<br>官伏 冠帶 | 太陽祿 巨門 祿存 右弼 八座<br>博士 臨官 |
| 命宮／身宮：文曲<br>病符 養 | | | 奴僕：天相 天空 擎羊 天傷<br>力士 帝旺 |
| 兄弟：廉貞 破軍<br>喜神 胎 | | | 遷移：天機 天梁 文昌 鈴星 天哭<br>青龍 衰 |
| 夫妻：火星 天馬 天虛 鳳閣<br>飛廉 絕 | 子女：天魁 天喜<br>奏書 墓 | 財帛：龍池<br>將軍 死 | 疾厄：紫微 七殺 地劫 地空 天使<br>小耗 病 |

雙祿拱照，昌曲重逢，戌有機梁。文章冠世。文曲單坐身命，主人口能舌辯。五十五歲大限入酉，逢擎羊天傷天空，小限天羅，太歲又在絕地故凶。

## 端木賜命

| | | | |
|---|---|---|---|
| 廉貞 貪狼 文曲<br>**福德/身宮**<br>臨官 伏兵 喪門 | 巨門 左輔<br>**田宅**<br>冠帶 大耗 | 天相 龍池 鳳閣<br>**官祿**<br>沐浴 病符 | 天同 天梁(權) 右弼 天鉞 天傷<br>**奴僕**<br>長生 喜神 |
| 太陰(忌) 擎羊 天空<br>**父母**<br>帝旺 官符 | 乙卯年三月十二日丑時生<br>**陰男**<br>乙未年四十一歲十一月初八故 | | 武曲 七殺 文昌 天虛<br>**遷移**<br>養 飛廉 |
| 天府 祿存<br>**命宮**<br>衰 博士 | 土五局 | | 太陽 火星 地空 天使<br>**疾厄**<br>胎 奏書 |
| 陀羅 天馬<br>**兄弟**<br>病 力士 | 紫微 破軍(科)<br>**夫妻**<br>死 青龍 | 天機(祿) 天魁 地劫<br>**子女**<br>墓 小耗 | 鈴星 天刑<br>**財帛**<br>絕 將軍 |

祿存坐命得府相朝，為富貴之論。卯生人防於巳亥。四十一歲大限入子，逢劫空天傷擎羊，小限入巳，天虛天刑又逢喪門，是為凶也，故死。

## 子羔之命

| | | | |
|---|---|---|---|
| 武曲(忌) 破軍 天鉞<br>**福德**<br>長生 飛廉 | 太陽 天虛 天哭<br>**田宅**<br>沐浴 喜神 | 天府(科)<br>**官祿**<br>冠帶 病符 | 天機 太陰 鈴星 天傷 天刑<br>**奴僕**<br>臨官 大耗 |
| 天同<br>**父母**<br>養 奏書 | 丙申年四十五歲三月初七故<br>**陽男**<br>壬子年十二月二十二日戌時生 | | 紫微(權) 貪狼 地劫<br>**遷移**<br>帝旺 伏兵 |
| 左輔 天魁<br>**命宮**<br>胎 將軍 | 金四局 | | 巨門 陀羅 天使<br>**疾厄**<br>衰 官符 |
| 文曲<br>**兄弟**<br>絕 小耗 | 廉貞 七殺 天空 地空<br>**夫妻**<br>墓 青龍 | 天梁(祿) 文昌 擎羊 火星<br>**子女**<br>死 力士 | 天相 右弼 祿存 天馬<br>**財帛/身宮**<br>病 博士 |

此為府相朝垣格，食祿千鍾，富貴雙全，一生順美。四十五歲大限在未宮。為哭虛天傷夾地，小限在午逢哭虛天使羊陀，故命亡。

## 冉求之命

| | | | |
|---|---|---|---|
| 左輔 天馬<br>福德 臨官<br>伏兵 喪門 | 天機 祿<br>田宅 冠帶<br>大耗 | 紫微 科 破軍 龍池 鳳閣<br>官祿 沐浴<br>官符 | 天鉞 天傷<br>奴僕 長生<br>喜神 |
| 太陽 文曲 擎羊 天空<br>父母 帝旺<br>官符 | 乙卯年二月初六日子時生<br>陰男<br>己未年六十五歲四月初九故 | 土五局 | 天府 右弼 火星 天虛<br>遷移 養<br>飛廉 |
| 武曲 七殺 祿存 天哭<br>命宮/身宮 衰<br>博士 | | | 太陰 忌 文昌 鈴星 天刑 天使<br>疾厄 胎<br>奏書 |
| 天同 權 天梁 陀羅<br>兄弟 病<br>力士 | 天相<br>夫妻 死<br>青龍 | 巨門 天魁<br>子女 墓<br>小耗 | 廉貞 貪狼 地劫 地空<br>財帛 絕<br>將軍 白虎 |

祿存守垣，紫微加會，終身福厚。六十五歲大限入酉，天虛火星，小限到巳，卯生人忌之。喪門天虛沖照，劫空合拱。太歲白虎哭虛會照，故此難逃也。

## 子產之命

| | | | |
|---|---|---|---|
| 太陽 科 天鉞 天刑 天哭 天傷<br>奴僕 長生<br>喜神 | 破軍 祿<br>遷移 養<br>飛廉 | 天機 天虛 天使<br>疾厄 胎<br>奏書 | 紫微 天府 鈴星 天馬<br>財帛/身宮 絕<br>將軍 |
| 武曲<br>官祿 沐浴<br>病符 | 癸丑年九月二十八日戌時生<br>陰男<br>丙辰年六十四歲三月初五故 | 金四局 | 太陰 地劫<br>子女 墓<br>小耗 |
| 天同 天魁<br>田宅 冠帶<br>大耗 | | | 貪狼 忌<br>夫妻 死<br>青龍 |
| 七殺 文曲 右弼 天空<br>福德 臨官<br>伏兵 | 天梁 擎羊 火星 地空<br>父母 帝旺<br>官符 | 廉貞 天相 文昌 左輔 祿存<br>命宮 衰<br>博士 | 巨門 權 陀羅<br>兄弟 病<br>力士 |

紫府朝垣，左輔文昌加會，一生富貴，聲名顯揚。六十四歲大限入午，為哭虛傷使夾地，小限入地網逢忌，故凶而死。

## 蘇丞相命

| | | | |
|---|---|---|---|
| 天同 左輔 天馬<br>官祿/身宮<br>臨官 將軍 | 武曲 天府 文曲(科) 天魁 天傷<br>奴僕<br>冠帶 小耗 | 太陽(權) 太陰<br>遷移<br>沐浴 青龍 | 貪狼(忌) 文昌 陀羅 天空<br>疾厄<br>長生 力士 |
| 破軍<br>田宅<br>帝旺 奏書 | 辛未年二月二十一日寅時生<br>陰男<br>甲辰年三十四歲四月初五故 | 土五局 | 天機(祿) 巨門 右弼 地空 祿存<br>財帛<br>養 博士 |
| 鳳閣<br>福德<br>衰 飛廉 | | | 紫微 天相 擎羊 天刑<br>子女<br>墓 官符 |
| 廉貞 天鉞<br>父母<br>病 喜神 | 地劫 天虛<br>命宮<br>死 病符 | 七殺 鈴星<br>兄弟<br>墓 大耗 | 天梁 火星 天哭 龍池<br>夫妻<br>絕 伏兵 |

雖曰：日月祿存丑未宮，定是方伯公，左右加會，名譽聲揚。只嫌劫空沖守，福不全美。故主三十四歲而亡。大限天哭截空，小限入地網，太歲在天羅逢羊陀，故凶死。

## 晏平仲命

| | | | |
|---|---|---|---|
| 地劫 地空 天刑<br>父母<br>長生 大耗 | 天機<br>福德<br>沐浴 伏兵 | 紫微 破軍 天鉞 陀羅<br>田宅<br>冠帶 官符 | 火星 祿存 天馬<br>官祿<br>臨官 博士 |
| 太陽(祿) 文昌 鈴星<br>命宮/身宮<br>養 白虎 病符 | 庚申年九月二十四日午時生<br>陽男<br>壬寅年四十三歲十一月初五故 | 金四局 | 天府 擎羊 天空 天傷<br>奴僕<br>帝旺 力士 |
| 武曲(權) 七殺<br>兄弟<br>胎 喜神 | | | 太陰(科) 文曲 天哭<br>遷移<br>衰 青龍 |
| 天同(忌) 天梁 右弼 鳳閣 天虛<br>夫妻<br>絕 飛廉 | 天相 天魁<br>子女<br>墓 奏書 | 巨門 左輔<br>財帛<br>死 將軍 | 廉貞 貪狼 天使<br>疾厄<br>病 小耗 |

此為丹墀貴格，秋月生者是真格。且太陽守命垣，日月爭耀，科祿會合，文武雙全。四十三歲太歲行寅，申生人有忌。小限入天羅，白虎病符天哭合照，故命亡。

## 孫臏之命

| | | | |
|---|---|---|---|
| 太陰 天空 天刑<br>長生<br>子女<br>小耗 | 貪狼 文曲 鳳閣<br>沐浴<br>夫妻 喪門<br>將軍 | 天同 巨門 天鉞<br>冠帶<br>兄弟<br>奏書 | 武曲 科 天相 文昌 天馬 龍池<br>臨官<br>命宮<br>飛廉 |
| 廉貞 祿 天府 火星<br>養<br>財帛<br>青龍 | 陽男<br>甲辰年九月初五日寅時生<br>戊午年七十五歲五月十二故 | 金四局 | 太陽 忌 天梁 地空<br>帝旺<br>父母<br>喜神 |
| 擎羊 天使<br>胎<br>疾厄<br>力士 | | | 七殺 天虛<br>衰<br>福德<br>病符 |
| 破軍 權 右弼 祿存 天哭<br>絕<br>遷移<br>博士 | 天魁 陀羅 地劫 天傷<br>墓<br>奴僕<br>官符 | 紫微 鈴星 左輔<br>死<br>官祿／身宮<br>伏兵 | 天機<br>病<br>田宅<br>大耗 |

此為紫府朝垣格，左右拱照，科權祿三方會合，文昌武曲守命，兼資文武，終身富貴之論。七十五歲大限入卯，擎羊天使地空會，太歲鈴星哭虛喪門會照，故凶。

## 龐涓之命

| | | | |
|---|---|---|---|
| 武曲 科 破軍 權 天刑 天空<br>絕<br>官祿<br>小耗 | 太陽 忌 天傷 鳳閣<br>胎<br>奴僕<br>將軍 | 天府 天鉞 鈴星<br>養<br>遷移／身宮<br>奏書 | 天機 太陰 地劫 天馬 天使<br>長生<br>疾厄<br>飛廉 |
| 天同<br>墓<br>田宅<br>青龍 | 陽男<br>甲辰年九月十六日酉時生<br>庚辰年三十七歲九月十三故 | 水二局 | 紫微 貪狼<br>沐浴<br>財帛<br>喜神 |
| 擎羊<br>死<br>福德<br>力士 | | | 巨門 天虛<br>冠帶<br>子女<br>病符 |
| 右弼 地空 祿存 天哭<br>病<br>父母<br>博士 | 廉貞 祿 七殺 文昌 文曲 天魁 陀羅<br>衰<br>命宮<br>官符 | 天梁 左輔<br>帝旺<br>兄弟<br>伏兵 | 天相 火星<br>臨官<br>夫妻<br>大耗 |

紫府科權祿，昌曲魁鉞坐守身命，左右夾垣為富貴之論。廉貞七殺又為積富之人。三十七歲大限入天羅，地劫天虛天使會照，小限入地網，天傷哭虛逢，太歲又入天羅，故凶。

## 明輔之命

| | | | |
|---|---|---|---|
| 天同<br>陀羅<br>天傷<br>奴僕 臨官 力士 | 武曲 祿<br>天府<br>文昌<br>左輔<br>祿存<br>遷移 冠帶 博士 | 太陽<br>太陰<br>擎羊<br>火星<br>地空<br>天使<br>疾厄 沐浴 官符 | 貪狼 權<br>文曲 忌<br>右弼<br>天鉞<br>財帛/身宮 長生 伏兵 |
| 破軍<br>官祿 帝旺 青龍 | 陰男<br>己酉年三月十八日辰時生<br>己未年七十一歲九月十三故<br>水二局 | | 天機<br>巨門<br>天哭<br>子女 養 大耗 |
| 地劫<br>天虛<br>田宅 衰 小耗 | | | 紫微<br>天相<br>天空<br>夫妻 胎 病符 |
| 廉貞<br>鈴星<br>天馬<br>福德 病 將軍 | 龍池<br>鳳閣<br>父母 死 奏書 | 七殺<br>天魁<br>命宮 墓 飛廉 | 天梁 科<br>天刑<br>兄弟 絕 喜神 |

祿權巡逢，左右昌曲加會。七殺守命，壯年崢嶸，為戰國明輔。小限二十五歲犯擎羊地空，直至三十六歲後遂志。七十一大限在午，為傷使夾地，小限在巳陀羅天傷天哭會，故死。

## 蕭何之命

| | | | |
|---|---|---|---|
| 太陰<br>陀羅<br>天傷<br>奴僕 臨官 力士 | 貪狼 權<br>文昌<br>左輔<br>祿存<br>遷移 冠帶 博士 | 天同<br>巨門<br>擎羊<br>火星<br>地空<br>天使<br>疾厄 沐浴 官符 | 武曲 祿<br>天相<br>文曲 忌<br>右弼<br>天鉞<br>財帛/身宮 長生 伏兵 |
| 廉貞<br>天府<br>官祿 帝旺 青龍 | 陰男<br>己酉年三月二十二日辰時生<br>戊申年六十歲十月初七故<br>水二局 | | 太陽<br>天梁 科<br>天哭<br>子女 帝旺 大耗 |
| 地劫<br>天虛<br>田宅 衰 小耗 | | | 七殺<br>天空<br>夫妻 胎 病符 |
| 破軍<br>鈴星<br>天馬<br>福德 病 將軍 | 龍池<br>鳳閣<br>父母 死 奏書 | 紫微<br>天魁<br>命宮 墓 飛廉 | 天機<br>天刑<br>兄弟 絕 喜神 |

府相朝垣格，紫府左右權祿嘉會，又兼昌曲六合，乃坐貴向貴，富貴雙全，入相之命。大限到擎羊，酉人忌之，小限在午，為傷使夾地，逢天空鈴星，故六十歲而終。

## 陳平之命

| | | | |
|---|---|---|---|
| 天梁<br>火星<br>天傷<br>臨官 奴僕 大耗 | 七殺<br>文昌<br>左輔<br>帝旺 遷移 伏兵 | 天鉞<br>陀羅<br>鈴星<br>地空<br>天使<br>衰 疾厄 官符 | 廉貞<br>文曲<br>右弼<br>祿存<br>天哭<br>病 財帛／身宮 博士 |
| 紫微<br>天相<br>天虛<br>冠帶 官祿 病符 | 辛酉年七十二歲五月初三故 | 庚戌年三月十八日辰時生<br>陽男 | 擎羊<br>死 子女 力士 |
| 天機<br>巨門<br>地劫<br>沐浴 田宅 喜神 | | 火六局 | 破軍<br>墓 夫妻 青龍 |
| 貪狼<br>天馬<br>龍池<br>長生 福德 飛廉 | 太陽 祿<br>太陰 科<br>天魁<br>養 父母 奏書 | 武曲 權<br>天府<br>鳳閣<br>胎 命宮 將軍 | 天同 忌<br>天空<br>天刑<br>絕 兄弟 小耗 |

化權逢天府武曲守命垣，左右昌曲加會，勃然入相之命。大限七十二入午，小限入卯，天空、地空、地劫、擎羊、陀羅會照，逢本命忌沖，又陀羅為戌人所忌，故壽終。

## 耿弇之命

| | | | |
|---|---|---|---|
| 巨門 權<br>天鉞<br>龍池<br>天哭<br>天傷<br>長生 奴僕 喜神 | 廉貞<br>天相<br>文昌<br>左輔<br>養 遷移 飛廉 | 天梁<br>火星<br>地空<br>天虛<br>天使<br>胎 疾厄 奏書 | 七殺<br>文曲<br>右弼<br>絕 財帛／身宮 將軍 |
| 貪狼 忌<br>沐浴 官祿 病符 | 戊午年六十六歲五月初五故 | 癸丑年三月初四日辰時生<br>陰男 | 天同<br>鳳閣<br>墓 子女 小耗 |
| 太陰<br>天魁<br>地劫<br>冠帶 田宅 大耗 | | 金四局 | 武曲<br>死 夫妻 青龍 |
| 紫微<br>天府<br>鈴星<br>天空<br>天馬<br>臨官 福德 伏兵 | 天機<br>擎羊<br>帝旺 父母 官符 | 破軍 祿<br>祿存<br>衰 命宮 博士 | 太陽 科<br>陀羅<br>天刑<br>病 兄弟 力士 |

破軍若在子午宮，官資清顯至三公。又兼左右昌曲加會，文武雙全，富貴之命。

## 蒯文通命

| | | | |
|---|---|---|---|
| 天同<br>火星<br>鳳閣<br><br>病<br>**福德**<br>將軍 | 武曲<br>天府<br>文曲 科<br>天魁<br>天空<br><br>衰<br>**田宅**<br>小耗 | 太陽 權<br>太陰<br>左輔<br>右弼<br><br>帝旺<br>**官祿/身宮**<br>青龍 | 貪狼<br>文昌 忌<br>陀羅<br>天傷<br><br>臨官<br>**奴僕**<br>力士 |
| 破軍<br><br>死<br>**父母**<br>奏書 | 陰男<br>辛巳年四月二十七日寅時生<br>乙巳年二十五歲二月初五故<br>木三局 | | 天機<br>巨門 祿<br>龍池<br>地空<br>祿存<br><br>冠帶<br>**遷移**<br>博士 |
| 墓<br>**命宮**<br>飛廉 | | | 紫微<br>天相<br>擎羊<br>天使<br><br>沐浴<br>**疾厄**<br>官符 |
| 廉貞<br>天鉞<br><br>絕<br>**兄弟**<br>喜神 | 地劫<br>天哭<br><br>胎<br>**夫妻**<br>病符 | 七殺<br>鈴星<br>天刑<br><br>養<br>**子女**<br>大耗 | 天梁<br>天馬<br>天虛<br><br>長生<br>**財帛**<br>伏兵 |

雙祿朝垣又兼巨機對宮相會，最善談兵。日月左右未宮加會，最為奇也。二十五歲大限在丑，天哭空劫逢，流年命宮逢空劫哭虛會，故凶亡。

## 項羽之命

| | | | |
|---|---|---|---|
| 陀羅<br><br>臨官<br>**兄弟**<br>力士 | 天機 科<br>祿存<br><br>冠帶<br>**命宮**<br>博士 | 紫微<br>破軍<br>文昌<br>文曲<br>擎羊<br><br>沐浴<br>**父母**<br>官符 | 地空<br><br>長生<br>**福德**<br>伏兵 |
| 太陽<br>天空<br>天刑<br><br>帝旺<br>**夫妻**<br>青龍 | 陰男<br>丁卯年八月十二日卯時生<br>戊戌年三十二歲十二月初六故<br>水二局 | | 天府<br>天鉞<br>天虛<br><br>養<br>**田宅**<br>大耗 |
| 武曲<br>七殺<br>右弼<br>天哭<br><br>衰<br>**子女**<br>小耗 | | | 太陰 祿<br><br>胎<br>**官祿**<br>病符 |
| 天同 權<br>天梁<br>地劫<br><br>病<br>**財帛**<br>將軍 | 天相<br>鈴星<br>天使<br><br>死<br>**疾厄**<br>奏書 | 巨門 忌<br>火星<br><br>墓<br>**遷移/身宮**<br>飛廉 | 廉貞<br>貪狼<br>左輔<br>天魁<br>天馬<br><br>絕<br>**奴僕**<br>喜神 |

祿科權三奇加會，當至極富貴。祿存守命垣，被對宮忌星沖破，為吉處藏凶。三十二歲，大限到卯，衰耗之地，哭虛相合。小限到申，地空值守，流年天空會照，故縊死於烏江。

## 張子房命

| | | | |
|---|---|---|---|
| 巨門 火星<br>田宅 臨官 小耗 | 廉貞祿 天相 文昌 右弼<br>官祿 帝旺 將軍 | 天梁 天鉞 鈴星 天空 地空 天傷<br>奴僕 衰 奏書 | 七殺 文曲 左輔 天馬 截空<br>遷移 病 飛廉 |
| 貪狼 鳳閣<br>福德 冠帶 青龍 | 陽男<br>甲午年五月初六日辰時生<br>己酉年七十六歲三月初七故<br>火六局 | | 天同 天使<br>疾厄 死 喜神 |
| 太陰 擎羊 地劫<br>父母 沐浴 力士 | | | 武曲科 龍池<br>財帛／身宮 墓 病符 |
| 紫微 天府 祿存<br>命宮 長生 博士 | 天機 天魁 陀羅 天刑<br>兄弟 養 官符 | 破軍權 天哭 天虛<br>夫妻 胎 伏兵 | 太陽忌<br>子女 絕 大耗 |

此是雙祿朝垣，左右昌曲加會。又兼紫府同宮。做極富貴之命。七十六大限在酉，逢太陰擎羊及天使，小限在申截空哭虛逢，太歲在亦酉，又大限太歲皆於落於死地，故亡。

## 韓信之命

| | | | |
|---|---|---|---|
| 巨門 地劫 地空<br>兄弟 絕 小耗 | 廉貞祿 天相<br>命宮／身宮 胎 將軍 | 天梁 天鉞 火星 天刑<br>父母 養 奏書 | 七殺 天哭<br>福德 長生 飛廉 |
| 貪狼 文昌 天虛<br>夫妻 墓 青龍 | 陽男<br>甲戌年十一月初五日午時生<br>乙巳年三十二歲二月初四故<br>土五局 | | 天同 鈴星<br>田宅 沐浴 喜神 |
| 太陰 擎羊<br>子女 死 力士 | | | 武曲科 文曲<br>官祿 冠帶 病符 |
| 紫微 天府 左輔 祿存 天馬<br>財帛 病 博士 | 天機 天魁 陀羅 天使<br>疾厄 衰 官符 | 破軍權 右弼<br>遷移 帝旺 伏兵 | 太陽忌 天空 天傷<br>奴僕 臨官 大耗 |

紫府拱照，左右加會，祿合科權，出將入相之命。三十二歲小限在亥值天傷，太歲空劫在巳沖之，又大限在申，為哭虛會合之地，故遭毒死。

## 趙高之命

| | | | |
|---|---|---|---|
| 天同 天鉞<br>父母<br>臨官 喜神 | 武曲 天府<br>福德<br>冠帶 飛廉 | 太陽（科） 太陰 火星 龍池 鳳閣<br>田宅<br>沐浴 奏書 | 貪狼（忌） 鈴星 天馬<br>官祿<br>長生 將軍 |
| 破軍（祿） 左輔 天空<br>命宮<br>帝旺 病符 | 陰男<br>癸卯年正月二十一日戌時生<br>甲午年五十二歲四月初八故 | 土五局 | 天機（權） 巨門 地劫 天虛 天傷<br>奴僕<br>養 小耗 |
| 天魁 天哭<br>兄弟<br>衰 大耗 | | | 紫微 天相 右弼<br>遷移<br>胎 青龍 |
| 廉貞 文曲<br>夫妻<br>病 伏兵 | 擎羊 地空<br>子女<br>死 官符 | 七殺 文昌 祿存<br>財帛／身宮<br>墓 博士 | 天梁 陀羅 天使<br>疾厄<br>絕 力士 |

此為祿合左右相會，一生爵祿甚豐盈，富貴雙全應有份。紫破辰戌不忠，故有指鹿為馬之事。五十二歲大限遇羊陀夾地，小限入辰，天空合病符，故主凶亡。

## 李斯之命

| | | | |
|---|---|---|---|
| 太陽 祿存 天馬<br>官祿<br>絕 博士 | 破軍 擎羊 天刑 天傷<br>奴僕<br>胎 力士 | 天機（權）<br>遷移<br>養 青龍 | 紫微 天府 鈴星 天使<br>疾厄<br>長生 小耗 |
| 武曲 陀羅 截空<br>田宅<br>墓 官符 | 陽男<br>丙申年十月十一日戌時生<br>癸巳年五十八歲六月初三故 | 土五局 | 太陰 天鉞 天空 地劫<br>財帛／身宮<br>沐浴 將軍 |
| 天同（祿）<br>福德<br>死 伏兵 | | | 貪狼 天哭<br>子女<br>冠帶 奏書 |
| 七殺 文曲 鳳閣 天虛<br>父母<br>病 大耗 | 天梁 左輔 右弼 地空<br>命宮<br>衰 病符 | 廉貞（忌） 天相 文昌（科） 火星 龍池<br>兄弟<br>帝旺 喜神 | 巨門 天魁<br>夫妻<br>臨官 飛廉 |

左右同宮，日巳月酉並明，權祿加會，為富貴之命。五十八歲大限入午，擎羊天傷哭虛逢，太歲逢空劫且臨絕地，是以見凶。

## 曹參之命

| | | | |
|---|---|---|---|
| 天機 陀羅 地劫 地空<br>兄弟 臨官 力士 | 紫微 祿存<br>命宮／身宮 冠帶 博士 | 擎羊 天刑<br>父母 沐浴 官符 | 破軍 天鉞<br>福德 長生 伏兵 |
| 七殺 文昌 鈴星<br>夫妻 帝旺 青龍 | 己酉年十一月二十五日午時生<br>陰男 | 辛亥年六十三歲七月初九故 | 火星 天哭<br>田宅 養 大耗 |
| 太陽 天梁（科） 天虛<br>子女 衰 小耗 | 土五局 | | 廉貞 天府 文曲（忌） 天空<br>官祿 胎 病符 |
| 武曲（祿） 天相 左輔 天馬<br>財帛 病 將軍 | 天同 巨門 龍池 鳳閣 天使<br>疾厄 死 奏書 | 貪狼（權） 右弼 天魁<br>遷移 墓 飛廉 | 太陰 天姚 天傷<br>奴僕 絕 喜神 |

紫微居午無煞湊，左右權祿子寅二宮加會，官資清顯至三公。六十三歲大限入丑逢天使，小限入酉逢哭虛，太歲天傷天虛空劫逢，是為凶也。

## 酈生之命

| | | | |
|---|---|---|---|
| 廉貞 貪狼（忌） 文昌 天鉞 天刑<br>命宮 臨官 喜神 | 巨門（權） 天空 地空<br>父母 冠帶 飛廉 | 天相<br>福德 沐浴 奏書 | 天同 天梁 天馬 火星<br>田宅 長生 將軍 |
| 太陰 地劫<br>兄弟 帝旺 病符 | 癸巳年九月初四日巳時生<br>陰男 | 戊辰年三十六歲正月十一故 | 武曲 七殺 文曲<br>官祿 養 小耗 |
| 天府 天魁 鈴星<br>夫妻／身宮 衰 大耗 | 土五局 | | 太陽（科） 天傷<br>僕役 胎 青龍 |
| 右弼<br>子女 病 伏兵 | 紫微 破軍（祿） 擎羊 天哭 截空<br>財帛 死 官符 | 天機 左輔 祿存 天使<br>疾厄 墓 博士 | 陀羅 天虛<br>遷移 絕 力士 |

天鉞正坐，本為美命，只嫌空劫夾垣。與貪狼廉貞同立兼化忌，一生奔波勞碌。三十六歲，太歲入天羅，地劫傷使逢，小限入午逢雙空坐守，亦會照傷使，不堪重載，是以凶也。

## 慶忌之命

| | | | |
|---|---|---|---|
| 廉貞（忌） 貪狼 祿存<br>博士 兄弟 長生 | 巨門 擎羊 鈴星<br>力士 命宮 沐浴 | 天相 文昌（科） 文曲 天空<br>青龍 父母 冠帶 | 天同（祿） 天梁 地空<br>小耗 福德 臨官 |
| 太陰 陀羅 火星 天刑 鳳閣<br>官符 夫妻 養 | 丙午年八月初三日卯時生<br>陽男 | 戊辰年二十三歲三月初五故 | 武曲 七殺 天鉞<br>將軍 田宅 帝旺 |
| 天府 右弼<br>伏兵 子女 胎 | 金四局 | | 太陽 龍池<br>奏書 官祿 衰 |
| 地劫<br>大耗 財帛 絕 | 紫微 破軍 天使<br>病符 疾厄 墓 | 天機（權） 天哭 天虛<br>喜神 遷移／身宮 死 | 左輔 天魁 天馬 天傷<br>飛廉 奴僕 病 |

馬前帶箭，非夭折即刑傷。早年限行吉地，做事崢嶸，手能抓飛鳥。二十三歲，大限到未，天空傷使逢；小限到寅，遇地劫；太歲在天羅，又逢陀羅火星地空哭虛會照，故遭凶而亡。

## 百里奚命

| | | | |
|---|---|---|---|
| 紫微 七殺 火星<br>大耗 田宅 絕 | 文昌 右弼<br>伏兵 官祿 胎 | 天鉞 地空 陀羅 鈴星 天傷<br>官符 奴僕 養 | 文曲 祿存 天馬 左輔 天哭<br>博士 遷移 長生 |
| 天機 天梁 天虛<br>病符 福德 墓 | 庚戌年五月二十日辰時生<br>陽男 | 庚申年七十一歲五月初二故 | 廉貞 破軍 擎羊 天使<br>力士 疾厄 沐浴 |
| 天相 地劫<br>喜神 父母 死 | 土五局 | | 青龍 財帛／身宮 冠帶 |
| 太陽（祿） 巨門 龍池<br>飛廉 命宮 病 | 武曲（權） 貪狼 天魁 天刑<br>奏書 兄弟 衰 | 天同（忌） 太陰（科） 鳳閣<br>將軍 夫妻 帝旺 | 天府 天空<br>小耗 子女 臨官 |

巨日同宮，官封三代，左右昌曲加會，允為貴命。少年不順，因限步行空劫及哭虛之地。三十五歲方得遂志。七十一歲大限入申，逢哭虛會照；小限在命垣與太歲沖，祿馬倒，不吉。

## 廉頗之命

| | | | |
|---|---|---|---|
| 天梁科 陀羅 龍池 天哭<br>臨官<br>**兄弟**<br>力士 | 七殺 左輔 祿存<br>冠帶<br>**命宮**<br>博士 | 擎羊 天虛<br>沐浴<br>**父母**<br>官符 | 廉貞 右弼 天鉞 鈴星<br>長生<br>**福德**<br>伏兵 |
| 紫微 天相<br>帝旺<br>**夫妻**<br>青龍 | 陰男<br>己丑年三月十五日戌時生<br>辛丑年七十三歲七月初八故<br>土五局 | | 地劫 鳳閣<br>養<br>**田宅**<br>大耗 |
| 天機 巨門<br>衰<br>**子女**<br>小耗 | | | 破軍<br>胎<br>**官祿**<br>病符 |
| 貪狼權 文曲忌 天空 天馬<br>病<br>**財帛／身宮**<br>將軍 | 太陽 太陰 火星 地空 天使<br>死<br>**疾厄**<br>奏書 | 武曲祿 天府 文昌 天魁<br>墓<br>**遷移**<br>飛廉 | 天同 天刑 天傷<br>絕<br>**奴僕**<br>喜神 |

雙祿會命，富貴榮華。昌曲來朝，祿合權會，文武才能。七十三歲大限在子，為傷使夾地，太歲又逢天使加會空劫羊陀，小限在未亦逢擎羊天虛傷使，大小限及太歲沖，是以凶也。

## 藺相如命

| | | | |
|---|---|---|---|
| 左輔 祿存 天馬<br>長生<br>**官祿／身宮**<br>博士 | 天機忌 文曲 擎羊 天哭 天虛 天傷<br>沐浴<br>**奴僕**<br>力士 | 紫微 破軍 天鉞<br>冠帶<br>**遷移**<br>青龍 | 文昌 天使<br>臨官<br>**疾厄**<br>小耗 |
| 太陽 陀羅 火星 龍池<br>衰<br>**田宅**<br>官符 | 陽男<br>戊子年二月十四日寅時生<br>丙申年六十九歲五月初二故<br>金四局 | | 天府 右弼科 地空<br>帝旺<br>**財帛**<br>將軍 |
| 武曲 七殺<br>胎<br>**福德**<br>伏兵 | | | 太陰權 天刑 鳳閣<br>衰<br>**子女**<br>奏書 |
| 天同 天梁<br>絕<br>**父母**<br>大耗 | 天相 天魁 天空 地劫<br>墓<br>**命宮**<br>病符 | 巨門 鈴星 截空<br>死<br>**兄弟**<br>喜神 | 廉貞祿 貪狼<br>病<br>**夫妻**<br>飛廉 |

左右加會終為吉，科祿紫府最為良。且兼限行美地，一生名利得安康。六十九歲大限行至未宮，逢天空地劫，又為傷使夾地，小限至午，逢擎羊天傷哭虛，太歲逢火鈴陀羅三方會照，是以凶也。

## 劉伶之命

| | | | |
|---|---|---|---|
| 天相<br>天空<br>天馬<br>官祿　絕　小耗 | 天梁<br>天刑<br>天傷<br>奴僕　胎　將軍 | 廉貞 祿<br>七殺<br>天鉞<br>遷移　養　奏書 | 鈴星<br>龍池<br>天使<br>疾厄　長生　飛廉 |
| 巨門<br>田宅　墓　青龍 | 甲辰年十月初四日戌時生<br>陽男<br>乙亥年三十二歲二月初七故 | 水二局 | 地劫<br>財帛／身宮　沐浴　喜神 |
| 紫微<br>貪狼<br>擎羊<br>福德　死　力士 | | | 天同<br>天虛<br>子女　冠帶　病符 |
| 天機<br>太陰<br>文曲<br>祿存<br>天哭<br>父母　病　博士 | 天府<br>左輔<br>右弼<br>天魁<br>陀羅<br>地空<br>命宮　衰　官符 | 太陽 忌<br>文昌<br>火星<br>兄弟　帝旺　伏兵 | 武曲 科<br>破軍 權<br>夫妻　臨官　大耗 |

雖有左右同垣，坐貴向貴之局。命理逢空，猶如半天折翅。且身逢地劫又無正曜。三十二歲大限行辰宮，逢天使天虛拱照，小限到巳，逢空劫拱照，太歲天空擎羊會照，故死於其年。

## 韓通之命

| | | | |
|---|---|---|---|
| 太陽<br>鈴星<br>祿存<br>田宅　絕　博士 | 破軍<br>文曲<br>左輔<br>擎羊<br>官祿／身宮　胎　力士 | 天機 忌<br>天鉞<br>天空<br>天傷<br>奴僕　養　青龍 | 紫微<br>天府<br>文昌<br>右弼 科<br>遷移　長生　小耗 |
| 武曲<br>陀羅<br>鳳閣<br>福德　墓　官符 | 戊午年三月十五日寅時生<br>陽男<br>戊戌年四十一歲三月初八故 | 水二局 | 太陰 權<br>地空<br>天使<br>疾厄　沐浴　將軍 |
| 天同<br>火星<br>父母　死　伏兵 | | | 貪狼 祿<br>龍池<br>財帛　冠帶　奏書 |
| 七殺<br>天馬<br>命宮　病　大耗 | 天梁<br>天魁<br>地劫<br>兄弟　衰　病符 | 廉貞<br>天相<br>天鉞<br>天哭<br>天虛<br>截空<br>夫妻　帝旺　喜神 | 巨門<br>天刑<br>子女　臨官　飛廉 |

七殺朝斗，富貴榮華。紫府朝垣，終身福厚。左右昌曲加會，尊居八座。四十一歲大限行至巳宮，祿存正坐逢空劫拱照，為倒祿也。小限入申，為傷使雙空夾地；太歲入地網逢羊陀，故死。

## 宋璟之命

| | | | |
|---|---|---|---|
| 天府 左輔 天空 祿存 天馬<br>官祿／身宮 長生 博士 | 天同 太陰（權） 文曲 擎羊 鳳閣 天傷<br>奴僕 沐浴 力士 | 武曲 貪狼（祿） 天鉞<br>遷移 冠帶 青龍 | 太陽 巨門 文昌 龍池 天使<br>疾厄 臨官 小耗 |
| 陀羅 火星<br>田宅 養 官符 | 戊辰年二月初一日寅時生 | 陽男 丁巳年五十歲十月初八故 | 天相 地空 右弼（科）<br>財帛 帝旺 將軍 |
| 廉貞 破軍<br>福德 胎 伏兵 | 金四局 | | 天機（忌） 天梁 天虛 天刑<br>子女 衰 奏書 |
| 天哭<br>父母 絕 大耗 | 地劫 天魁<br>命宮 墓 病符 | 鈴星 截空<br>兄弟 死 喜神 | 紫微 七殺<br>夫妻 病 飛廉 |

府相左右，科祿朝垣，合格局。魁鉞貴人入命垣，富貴終身。只是劫空在命，故壽元不長。五十歲大限行巳逢雙空地劫，太歲亦入巳，大限太歲相沖甚凶，其年傷壽。

## 賈誼之命

| | | | |
|---|---|---|---|
| 天機 天鉞<br>官祿 長生 喜神 | 紫微 左輔 天傷<br>奴僕 養 飛廉 | 文昌 文曲 龍池 鳳閣<br>遷移／身宮 胎 奏書 | 破軍（祿） 右弼 地空 天使<br>疾厄 絕 將軍 |
| 七殺 天空<br>田宅 沐浴 病符 | 癸卯年三月初十日卯時生 | 陰男 庚午年二十八歲四月初八故 | 天虛<br>財帛 墓 小耗 |
| 太陽（科） 天梁 天魁<br>福德 冠帶 大耗 | 金四局 | | 廉貞 天府<br>子女 死 青龍 |
| 武曲 天相 地劫 天馬<br>父母 臨官 伏兵 | 天同 巨門（權） 擎羊 鈴星 截空<br>命宮 帝旺 官符 | 貪狼（忌） 火星 祿存<br>兄弟 衰 博士 | 太陰 陀羅 天刑<br>夫妻 病 力士 |

文星暗拱，年少登科。天機天鉞入命，以為吉兆。小限到天羅，逢雙空及天使，太歲居天傷之地，又本命忌沖。故夭亡於二十八歲。

## 馬周之命

| | | | |
|---|---|---|---|
| 天梁 科、陀羅、鈴星、天刑<br>福德／身宮 絕 力士 | 七殺、地劫、祿存<br>田宅 墓 博士 | 擎羊、龍池、鳳閣<br>官祿 死 官符 | 廉貞、天鉞、天馬、天傷<br>奴僕 病 伏兵 |
| 紫微、天相、火星、天空、地空<br>父母 胎 青龍 | 己卯年九月十八日未時生<br>陰男 | 丁卯年四十九歲四月初九故<br>火六局 | 截空、天虛<br>遷移 衰 大耗 |
| 天機、巨門、文昌、天哭<br>命宮 養 小耗 | | | 破軍、天使<br>疾厄 帝旺 病符 |
| 貪狼 權、右弼<br>兄弟 長生 將軍 | 太陽、太陰<br>夫妻 沐浴 奏書 | 武曲 祿、天府、左輔、天魁<br>子女 冠帶 飛廉 | 天同、文曲 忌<br>財帛 臨官 喜神 |

巨機居卯，位至公卿。限步逆行，以為美兆。未宮見有擎羊，故主壽難長久。大限入亥逢羊陀天哭，小限入丑羊陀鈴星天虛逢，太歲哭虛會照，故做倒限傷壽。

## 傅毅之命

| | | | |
|---|---|---|---|
| 紫微、七殺<br>福德 臨官 小耗 | 天哭、天虛<br>田宅 帝旺 將軍 | 天鉞<br>官祿 衰 奏書 | 鈴星、天刑、天傷、截空<br>奴僕 病 飛廉 |
| 天機、天梁、龍池<br>父母 冠帶 青龍 | 甲戌年七十一歲四月初九故 | 甲子年十二月二十四日戌時生<br>陽男<br>火六局 | 廉貞 祿、破軍 權、地劫<br>遷移 死 喜神 |
| 天相、左輔、擎羊<br>命宮 沐浴 力士 | | | 鳳閣、天使<br>疾厄 墓 病符 |
| 太陽 忌、巨門、文曲、祿存<br>兄弟 長生 博士 | 武曲 科、貪狼、天魁、陀羅、地空、天空<br>夫妻 養 官符 | 天同、太陰、文昌、火星<br>子女 胎 伏兵 | 天府、右弼、天馬<br>財帛／身宮 絕 大耗 |

權祿加會，擎羊逢力士，雖不得十分富貴，亦為終身福厚之論。直至大限入酉，為傷使夾地，小限七十一入申又逢天傷天刑截空，故此壽難過去。

## 劉都衙命

| | | | |
|---|---|---|---|
| 天府<br>天刑<br>福德/身宮<br>臨官<br>小耗 | 天同<br>太陰<br>地劫<br>田宅<br>帝旺<br>將軍 | 武曲 科<br>貪狼<br>天鉞<br>天空<br>官祿<br>衰<br>奏書 | 太陽 忌<br>巨門<br>火星<br>天馬<br>天傷<br>奴僕<br>病<br>飛廉 |
| 地空<br>鳳閣<br>父母<br>冠帶<br>青龍 | 陽男<br>甲午年九月初三日未時生<br>戊子年五十五歲十月十三故 | | 天相<br>遷移<br>死<br>喜神 |
| 廉貞 祿<br>破軍 權<br>文昌<br>擎羊<br>命宮<br>胎<br>力士 | 火六局 | | 天機<br>天梁<br>鈴星<br>龍池<br>天使<br>疾厄<br>墓<br>病符 |
| 右弼<br>祿存<br>兄弟<br>長生<br>博士 | 陀羅<br>天魁<br>夫妻<br>養<br>官符 | 左輔<br>天哭<br>天虛<br>子女<br>胎<br>伏兵 | 紫微<br>七殺<br>文曲<br>財帛<br>絕<br>大耗 |

貞破卯酉作公卿，昌曲拱命，祿權巡逢，富貴發達，最宜公門。五十五歲大限到未，逢天空正坐，羊陀會照；小限到地網，逢天使及空劫拱照，大小二限均凶，故亡。

## 魏豹之命

| | | | |
|---|---|---|---|
| 天機<br>文昌<br>福德<br>絕<br>大耗 | 紫微<br>地空<br>田宅<br>胎<br>伏兵 | 天鉞<br>陀羅<br>火星<br>官祿<br>養<br>官符 | 破軍<br>祿存<br>天傷<br>奴僕<br>長生<br>博士 |
| 七殺<br>右弼<br>地劫<br>父母<br>墓<br>病符 | 陽男<br>庚申年七月二十五日巳時生<br>丙申年三十七歲九月初五故 | | 文曲<br>擎羊<br>天空<br>遷移<br>沐浴<br>力士 |
| 太陽 祿<br>天梁<br>鈴星<br>天刑<br>命宮<br>死<br>喜神 | 土五局 | | 廉貞<br>天府<br>左輔<br>天哭<br>天使<br>疾厄<br>冠帶<br>青龍 |
| 武曲 權<br>天相<br>天馬<br>鳳閣<br>天虛<br>兄弟<br>病<br>飛廉 | 天同 忌<br>巨門<br>天魁<br>夫妻/身宮<br>衰<br>奏書 | 貪狼<br>龍池<br>子女<br>帝旺<br>將軍 | 太陰 科<br>財帛<br>臨官<br>小耗 |

科祿相逢遇太陽天梁同位，最為高強。運限順行俱為吉。後因大限行午遇地空，小限入地網，逢天使哭虛會照又兼逢空劫。故主難過此歲。

## 姜恒之命

| | | | |
|---|---|---|---|
| 巨門 祿存 天馬<br>官祿 絕 博士 | 廉貞(忌) 天相 擎羊 天傷 天哭 天刑 天虛<br>奴僕 胎 力士 | 天梁<br>遷移 養 青龍 | 七殺 鈴星 天使<br>疾厄 長生 小耗 |
| 貪狼 陀羅 龍池 截空<br>田宅 墓 官符 | 丙子年十月初五日戌時生<br>陽男<br>丙寅年五十一歲八月初五故<br>土五局 | | 天同(祿) 天鉞 地劫<br>財帛/身宮 沐浴 將軍 |
| 太陰<br>福德 死 伏兵 | | | 武曲 鳳閣<br>子女 冠帶 奏書 |
| 紫微 天府 文曲<br>父母 病 大耗 | 天機(權) 左輔 右弼 天空 地空<br>命宮 衰 病符 | 破軍 文昌(科) 火星<br>兄弟 帝旺 喜神 | 太陽 天魁<br>夫妻 臨官 飛廉 |

雙祿加會，無不富貴。左右同宮，終身福厚。空劫身命，壽年難長。五十一歲大限在巳，逢空劫拱照，小限在子，羊陀火鈴哭虛刑傷天使逢，故死於是年。

## 周勃之命

| | | | |
|---|---|---|---|
| 紫微 七殺 陀羅 火星 天傷<br>奴僕 病 力士 | 文曲 天空 祿存<br>遷移 衰 博士 | 擎羊 天使<br>疾厄 帝旺 官符 | 文昌 天馬<br>財帛 臨官 伏兵 |
| 天機(科) 天梁 左輔<br>官祿/身宮 死 青龍 | 丁巳年正月十二日寅時生<br>陰男<br>乙丑年六十九歲十二月初五故<br>木三局 | | 廉貞 破軍 天鉞 地空 天刑<br>子女 冠帶 大耗 |
| 天相<br>田宅 墓 小耗 | | | 右弼<br>夫妻 沐浴 病符 |
| 太陽 巨門(忌) 截空<br>福德 絕 將軍 | 武曲 貪狼 地劫 天哭<br>父母 胎 奏書 | 天同(權) 太陰(祿) 鈴星<br>命宮 養 飛廉 | 天府 天魁 天虛<br>兄弟 長生 喜神 |

太陰天同居子守命，丙丁人富貴忠良。權祿巡逢，昌曲拱命，入將出相之命。六十九歲大限行午宮，為傷使夾地，天空正坐；太歲逢空劫羊陀及傷使天刑沖照，是以凶也。

## 樂毅之命

| | | | |
|---|---|---|---|
| 紫微 七殺 天馬 陀羅<br>臨官 官祿 力士 | 祿存 天刑 天傷<br>冠帶 奴僕 博士 | 擎羊<br>沐浴 遷移 官符 | 天鉞 鈴星 天使<br>長生 疾厄 伏兵 |
| 天機 天梁<br>科<br>帝旺 田宅 青龍 | 陰男<br>己酉年十月初八日戌時生<br>己丑年四十一歲八月初七故 | | 廉貞 破軍 地劫 天哭<br>養 財帛／身宮 大耗 |
| 天相 天虛<br>衰 福德 小耗 | 水二局 | | 天空<br>胎 子女 病符 |
| 太陽 巨門 文曲<br>忌<br>病 父母 將軍 | 武曲 貪狼 左輔 右弼 地空<br>祿 權<br>鳳閣 龍池 火星<br>死 命宮 奏書 | 天同 太陰 文昌 天魁<br>墓 兄弟 飛廉 | 天府<br>絕 夫妻 喜神 |

貪武同行，左右同宮。權祿巡逢，俱吉。奈三方四正俱見羊陀劫空，進退聲名。四十一大限在戌，天空天傷天刑逢；太歲逢羊陀空劫天哭，又羊陀迭併，是以死也。

## 趙奢之命

| | | | |
|---|---|---|---|
| 廉貞 貪狼 火星 祿存<br>祿<br>長生 官祿 博士 | 巨門 文昌 擎羊 天傷<br>沐浴 奴僕 力士 | 天相 左輔 右弼 天鉞 天空<br>科<br>鈴星 地空<br>冠帶 遷移 青龍 | 天同 天梁 文曲 天使<br>臨官 疾厄 小耗 |
| 太陰 陀羅 鳳閣<br>權<br>養 田宅 官符 | 陽男<br>戊午年四月初三日辰時生<br>庚子年四十三歲二月初七故 | | 武曲 七殺<br>帝旺 財帛／身宮 將軍 |
| 天府 地劫<br>胎 福德 伏兵 | 金四局 | | 太陽 龍池<br>衰 子女 奏書 |
| 絕 父母 大耗 | 紫微 破軍 天魁<br>墓 命宮 病符 | 天機 天刑 截空 天哭 天虛<br>忌<br>死 兄弟 喜神 | 天馬<br>病 夫妻 飛廉 |

科祿拱照，富貴聲揚。左右朝拱，終身福厚。四十三歲大限在天羅，陀羅正坐逢哭虛天使，小限在地網，羊陀天傷沖照，太歲哭虛截空天刑正坐，擎羊天傷午宮沖，故凶。

## 陸賈之命

| | | | |
|---|---|---|---|
| 太陰 左輔 鈴星 祿存 天馬<br>官祿/身宮　絕　博士 | 貪狼 擎羊 文曲 天傷<br>奴僕　胎　力士 | 天同祿 巨門<br>遷移　養　青龍 | 武曲 天相科 文昌 天哭 天使<br>疾厄　長生　小耗 |
| 廉貞忌 天府 陀羅 截空 天虛<br>田宅　墓　官符 | 陽男<br>丙戌年二月初七日寅時生<br>己巳年四十四歲五月初四故 | 土五局 | 太陽 天梁 右弼 地空 天鉞<br>財帛　沐浴　將軍 |
| 火星<br>福德　死　伏兵 | | | 七殺 天刑<br>子女　冠帶　奏書 |
| 破軍<br>父母　病　大耗 | 地劫<br>命宮　衰　病符 | 紫微 鳳閣<br>兄弟　帝旺　喜神 | 天機權 天魁 天空<br>夫妻　臨官　飛廉 |

雙祿朝垣，左右巨日拱照。只嫌祿存纏於絕地，因此發不住財。且劫空在命，半天折翅之論。大限四十四歲到辰宮，逢陀羅及哭虛拱照，太歲逢空劫拱照且纏於絕地，故四十四歲難全命也。

## 楊孔目命

| | | | |
|---|---|---|---|
| 天相 祿存<br>田宅　病　博士 | 天梁 擎羊<br>官祿　死　力士 | 廉貞忌 七殺 天傷<br>奴僕　墓　青龍 | 天馬<br>遷移　絕　小耗 |
| 巨門 文曲 左輔 陀羅 截空<br>福德　衰　官符 | 陽男<br>丙申年正月初八日子時生<br>戊申年七十三歲七月初三故 | 木三局 | 天鉞 天空 天刑 天使<br>疾厄　胎　將軍 |
| 紫微 貪狼<br>父母　帝旺　伏兵 | | | 天同祿 文昌科 右弼 鈴星 天哭<br>財帛　養　奏書 |
| 天機權 太陰 火星 鳳閣 天虛<br>命宮/身宮　臨官　大耗 | 天府<br>兄弟　冠帶　病符 | 太陽 龍池<br>夫妻　沐浴　喜神 | 武曲 破軍 天魁 地空 地劫<br>子女　長生　飛廉 |

機月同梁做吏人，命垣坐寅申之地，科祿權加會，若無羊刃火鈴合照，乃主正路功名顯貴。七十三歲大限入酉，入天空天使之地，小限入地網，鈴星正坐，羊陀哭虛會照，故主倒壽。

## 郭恪之命

| | | | |
|---|---|---|---|
| 天梁 天鉞 火星 龍池 天哭<br>田宅<br>臨官 喜神 | 七殺 左輔 文曲<br>官祿/身宮<br>冠帶 飛廉 | 天虛 天傷<br>奴僕<br>沐浴 奏書 | 廉貞 文昌 右弼<br>遷移<br>長生 將軍 |
| 紫微 天相<br>福德<br>帝旺 病符 | 癸丑年三月初七日寅時生<br>陰男<br>丙午年五十四歲五月初三故<br>水二局 | | 地空 鳳閣 天使<br>疾厄<br>養 小耗 |
| 天機 權 巨門 天魁<br>父母<br>衰 大耗 | | | 破軍 祿<br>財帛<br>胎 青龍 |
| 貪狼 忌 天空 天馬<br>命宮<br>病 伏兵 | 太陽 科 太陰 擎羊 地劫 截空<br>兄弟<br>死 官符 | 武曲 天府 鈴星 祿存<br>夫妻<br>墓 博士 | 天同 陀羅 天刑<br>子女<br>絕 力士 |

廉貞七殺午申宮，主人流盪天涯。左右昌曲雖加會拱照，只嫌命垣貪狼化忌。五十四歲大限行酉，為天使之地，逢擎羊天哭空劫拱照，太歲行經哭虛夾地，會照天空，故命亡。

## 葉英之命

| | | | |
|---|---|---|---|
| 太陰 天空 祿存<br>父母<br>絕 博士 | 貪狼 左輔 擎羊 鳳閣<br>福德<br>胎 力士 | 天同 祿 巨門<br>田宅<br>養 青龍 | 武曲 天相 右弼 龍池<br>官祿<br>長生 小耗 |
| 廉貞 忌 天府 文曲 陀羅 截空<br>命宮/身宮<br>墓 官符 | 丙辰年三月二十二日子時生<br>陽男<br>丁丑年二十二歲五月初五故<br>水二局 | | 太陽 天梁 天鉞 天傷<br>奴僕<br>沐浴 將軍 |
| 兄弟<br>死 伏兵 | | | 七殺 文昌 科 鈴星 天虛<br>遷移<br>冠帶 奏書 |
| 破軍 火星 天馬 天哭<br>夫妻<br>病 大耗 | 子女<br>衰 病符 | 紫微<br>財帛<br>帝旺 喜神 | 天機 權 天魁 地空 地劫 天使<br>疾厄<br>臨官 飛廉 |

紫相昌曲相逢加會，本作美論。奈嫌昌曲不宜見廉貞化忌，秘云：文昌文曲逢廉貞，喪命夭壽之人，故死於二十二歲。

## 王欽若命

| | | | |
|---|---|---|---|
| 天相 截空<br>父母<br>臨官 將軍 | 天梁 文昌 忌 天魁<br>福德<br>冠帶 小耗 | 廉貞 七殺 地空<br>田宅<br>沐浴 青龍 | 文曲 科 陀羅 天空<br>官祿<br>長生 力士 |
| 巨門 祿 右弼<br>命宮<br>帝旺 奏書 | 辛未年七月初五日辰時生<br>陰男<br>癸亥年五十三歲正月十一故 | 水二局 | 祿存 天傷<br>奴僕<br>養 博士 |
| 紫微 貪狼 地劫 天刑 鳳閣<br>兄弟<br>衰 飛廉 | | | 天同 左輔 擎羊<br>遷移<br>胎 官符 |
| 天機 太陰 天鉞 鈴星 天馬<br>夫妻<br>病 喜神 | 天府 火星 天虛<br>子女<br>死 病符 | 太陽 權<br>財帛／身宮<br>衰 大耗 | 武曲 破軍 龍池 天哭 天使<br>疾厄<br>絕 伏兵 |

科權祿拱命，文譽聲揚。左輔右弼，尊居八座。富貴雙全之命也。五十三歲大限行亥，天哭天使空劫逢，小限在巳，哭虛傷使三方沖照，故損壽。

## 楊國忠命

| | | | |
|---|---|---|---|
| 祿存<br>命宮／身宮<br>絕 博士 | 天機 忌 擎羊<br>父母<br>胎 力士 | 紫微 破軍 左輔 右弼 科 天鉞<br>福德<br>養 青龍 | 天哭<br>田宅<br>長生 小耗 |
| 太陽 文曲 陀羅 天虛<br>兄弟<br>墓 官符 | 戊戌年四月初六日子時生<br>陽男<br>丙申年五十九歲二月初五故 | 土五局 | 天府<br>官祿<br>沐浴 將軍 |
| 武曲 七殺 鈴星<br>夫妻<br>死 伏兵 | | | 太陰 權 文昌 天傷<br>奴僕<br>冠帶 奏書 |
| 天同 天梁 龍池<br>子女<br>病 大耗 | 天相 天魁 火星<br>財帛<br>衰 病符 | 巨門 天刑 鳳閣 截空 天使<br>疾厄<br>帝旺 喜神 | 廉貞 貪狼 祿 天空 地空 地劫 天馬<br>遷移<br>臨官 飛廉 |

真正府相朝垣，食祿千鍾，雖然得雙祿合格局，但廉貪二星忌逢空劫沖破，不得富貴綿遠。五十九歲大限入地網逢天傷及三方羊陀天虛拱照，太歲哭虛對拱逢陀羅天使截空天刑，故命亡。

## 安慶禮命

| | | | |
|---|---|---|---|
| 天府（科）、左輔、天馬、天鉞<br>臨官　命宮　飛廉 | 天同、太陰<br>帝旺　父母　喜神 | 武曲、貪狼（忌）<br>衰　福德　病符 | 太陽、巨門、鈴星<br>病　田宅　大耗 |
| 冠帶　兄弟　奏書 | 壬申年二月十三日戌時生<br>陽男<br>壬戌年五十一歲四月初八故 | 火六局 | 天相、右弼、天空、地劫<br>死　官祿　伏兵 |
| 廉貞、破軍、天魁、截空<br>沐浴　夫妻　將軍 | | | 天機、天梁（祿）、陀羅、天刑、天哭、天傷<br>墓　奴僕　官符 |
| 文曲、鳳閣、天虛<br>長生　子女　小耗 | 地空<br>養　財帛／身宮　青龍 | 文昌、擎羊、火星、龍池、天使<br>胎　疾厄　力士 | 紫微（權）、七殺、祿存<br>絕　遷移　博士 |

科權加會，左右扶持，皆得稱意，富貴全美。五十一歲大限行酉，逢空劫及天空拱照，流年逢陀羅天刑天傷哭虛拱照，故為倒壽之年也。

## 嚴子陵命

| | | | |
|---|---|---|---|
| 武曲（祿）、破軍、陀羅、天刑、天虛<br>臨官　兄弟　力士 | 太陽、文昌、祿存<br>冠帶　命宮　博士 | 天府、擎羊、地空、天哭<br>沐浴　父母　官符 | 天機、太陰、文曲（忌）、天鉞、天馬<br>長生　福德　伏兵 |
| 天同<br>帝旺　夫妻　青龍 | 己亥年九月二十八日辰時生<br>陰男<br>辛亥年七十三歲五月初八故 | 土五局 | 紫微、貪狼（權）、截空<br>養　田宅　大耗 |
| 地劫、龍池<br>衰　子女　小耗 | | | 巨門<br>胎　官祿　病符 |
| 右弼、鈴星<br>病　財帛／身宮　將軍 | 廉貞、七殺、火星、天使<br>死　疾厄　奏書 | 天梁（科）、左輔、天魁、天空<br>墓　遷移　飛廉 | 天相、鳳閣、天傷<br>絕　奴僕　喜神 |

太陽文昌同科祿，左右扶持福不輕。富貴雙全壽至終。七十三歲大限入子，為傷使夾地；小限入丑逢天使哭虛不吉；太歲羊陀地空哭虛刑傷同，故損壽。

## 漢光武命

| | | | |
|---|---|---|---|
| 天府 文曲 右弼 天空 祿存 天馬<br>長生 兄弟 博士 | 天同 祿 太陰 擎羊 鳳閣<br>沐浴 命宮 力士 | 武曲 貪狼<br>冠帶 父母 青龍 | 太陽 巨門 龍池<br>臨官 福德/身宮 小耗 |
| 陀羅<br>養 夫妻 官符 | 丙辰年六月初一日丑時生<br>陽男<br>丁巳年六十一歲二月初十故 | 金四局 | 天相 科 文昌 左輔 天鉞<br>帝旺 田宅 將軍 |
| 廉貞 忌 破軍 火星<br>胎 子女 伏兵 | | | 天機 權 天梁 地空 天虛<br>衰 官祿 奏書 |
| 天刑 天哭<br>絕 財帛 大耗 | 天使<br>墓 疾厄 病符 | 地劫<br>死 遷移 喜神 | 紫微 七殺 天魁 鈴星 天傷<br>病 奴僕 飛廉 |

馬頭帶箭，鎮禦邊疆。權祿巡逢，財官雙美。二十四歲後限行吉地，位登九五。六十一大限入亥逢天傷，小限入地網逢地空及羊陀哭虛會照不吉，損壽。

## 王莽之命

| | | | |
|---|---|---|---|
| 天梁<br>病 父母 小耗 | 七殺 左輔<br>死 福德 將軍 | 天鉞<br>墓 田宅 奏書 | 廉貞 祿 右弼 截空<br>絕 官祿 飛廉 |
| 紫微 天相 文曲<br>衰 命宮/身宮 青龍 | 甲申年三月初九日子時生<br>陽男<br>癸未年六十歲九月十二故 | 木三局 | 天空 天傷<br>胎 奴僕 喜神 |
| 天機 巨門 擎羊<br>帝旺 兄弟 力士 | | | 破軍 權 文昌 鈴星 天哭<br>養 遷移 病符 |
| 貪狼 火星 祿存 天馬 鳳閣 天虛<br>臨官 夫妻 博士 | 太陽 忌 太陰 天魁 陀羅<br>冠帶 子女 官符 | 武曲 科 天府 龍池<br>沐浴 財帛 伏兵 | 天同 地空 地劫 天刑 天使<br>長生 疾厄 大耗 |

科權祿拱，名譽聲揚。紫破辰戌，為臣不忠，篡漢之位是也。六十歲大限在酉，逢天傷及羊陀會照，太歲逢空劫羊陀天使不吉，故遭刑傷而亡。

## 淫夭女命

| | | | |
|---|---|---|---|
| 天刑 截空 天使<br>病符 疾厄 病 | 天機 天魁<br>大耗 財帛 死 | 紫微 破軍<br>伏兵 子女 墓 | 陀羅 天馬<br>官符 夫妻 絕 |
| 太陽(權) 文曲(科)<br>喜神 遷移 衰 | 陰女<br>辛酉年九月初十日子時生<br>辛巳年二十一歲九月初二故 | | 天府 祿存 天哭<br>博士 兄弟 胎 |
| 武曲 七殺 火星 天虛 天傷<br>飛廉 奴僕 帝旺 | 木三局 | | 太陰 文昌(忌) 擎羊 鈴星 天空<br>力士 命宮/身宮 養 |
| 天同 天梁 右弼 天鉞<br>奏書 官祿 臨官 | 天相 龍池 鳳閣<br>將軍 田宅 冠帶 | 巨門(祿) 左輔<br>小耗 福德 沐浴 | 廉貞 貪狼 地空 地劫<br>青龍 父母 長生 |

## 楊貴妃命

| | | | |
|---|---|---|---|
| 太陰 鈴星<br>大耗 夫妻 臨官 | 貪狼 地劫 天哭 天虛<br>病符 兄弟 冠帶 | 天同 巨門 天鉞<br>喜神 命宮 沐浴 | 武曲(科) 天相 天馬 截空<br>飛廉 父母 長生 |
| 廉貞(祿) 天府 左輔 地空 龍池<br>伏兵 子女 帝旺 | 陽女<br>甲子年正月初七日未時生<br>甲辰年四十一歲九月初九故 | | 太陽(忌) 天梁 火星 天刑<br>奏書 福德/身宮 養 |
| 文昌 擎羊<br>官符 財帛 衰 | 土五局 | | 七殺 右弼 鳳閣<br>將軍 田宅 胎 |
| 破軍(權) 祿存 天使<br>博士 疾厄 病 | 天魁 陀羅 天空<br>力士 遷移 死 | 紫微 天傷<br>青龍 奴僕 墓 | 天機 文曲<br>小耗 官祿 絕 |

坐貴向貴，得貴人寵愛。文昌文曲加會，女命不宜見之。經曰：楊妃好色，三合文昌文曲。四十一歲大限行天羅，地空逢天傷，小限入午哭虛地劫逢傷使，故損壽。

太陰雖在旺地，但女命嫌文昌同度，況羊鈴忌星併集。雖三方吉拱何益？訣曰：文昌擎羊火鈴忌，若不為娼終夭折。驗如此矣。

## 娼婦之命

| | | | |
|---|---|---|---|
| 巨門 權 天鉞 天虛<br>田宅 奏書 絕 | 廉貞 天相<br>官祿 飛廉 胎 | 天梁 文昌 文曲 左輔 右弼 天傷 天哭<br>奴僕 喜神 養 | 七殺 地空<br>遷移／身宮 病符 長生 |
| 貪狼 忌 天姚<br>福德 將軍 墓 | 陰女<br>癸亥年四月二十六日卯時生<br>水二局 | | 天同 天使<br>疾厄 大耗 沐浴 |
| 太陰 天魁 龍池<br>父母 小耗 死 | | | 武曲<br>財帛 伏兵 冠帶 |
| 紫微 天府 地劫<br>命宮 青龍 病 | 天機 擎羊 鈴星 截空<br>兄弟 力士 衰 | 破軍 祿 火星 天空 祿存 天刑<br>夫妻 博士 帝旺 | 太陽 科 陀羅 天馬 鳳閣<br>子女 官符 臨官 |

七殺臨身終不美，地空地劫更無良。雖有紫府守垣，但夫君子息二宮甚混雜。且天姚會忌居於福德，其賤無疑。

## 張侍郎命

| | | | |
|---|---|---|---|
| 天鉞 天傷 鳳閣<br>奴僕 喜神 長生 | 天機 天空<br>遷移 飛廉 養 | 紫微 破軍 祿 天刑 天使<br>疾厄 奏書 胎 | 財帛 將軍 絕 |
| 太陽 科 文曲<br>官祿 病符 沐浴 | 陰男<br>癸巳年十一月十四日子時生<br>金四局 | | 天府 龍池<br>子女 小耗 墓 |
| 武曲 權 七殺 天魁 火星<br>田宅 大耗 冠帶 | | | 太陰 科 文昌 鈴星<br>夫妻 青龍 死 |
| 天同 天梁 左輔 天馬<br>福德 伏兵 臨官 | 天相 擎羊 截空 天哭<br>父母 官符 帝旺 | 巨門 權 右弼 祿存<br>命宮／身宮 博士 衰 | 廉貞 貪狼 忌 陀羅 地空 地劫 天虛<br>兄弟 力士 病 |

權會巨門威揚，果作諫臣。太陰文昌於妻宮，蟾宮折桂。太陽文曲於官祿，皇殿朝班。癸生人會巨門，為石中隱玉格。信此驗矣

## 孔允夫命

| | | | |
|---|---|---|---|
| 天同 權<br>陀羅<br>天刑<br>龍池<br>天哭<br>臨官 兄弟 力士 | 武曲<br>天府<br>文昌<br>祿存<br>冠帶 命宮 博士 | 太陽<br>太陰 祿<br>擎羊<br>火星<br>地空<br>天虛<br>沐浴 父母 官符 | 貪狼<br>文曲<br>天馬<br>長生 福德 伏兵 |
| 破軍<br>帝旺 夫妻 青龍 | 丁丑年九月十八日辰時生<br>陰男<br>戊申年三十二歲五月初五故 | | 天機 科<br>巨門 忌<br>天鉞<br>鳳閣<br>養 田宅 大耗 |
| 地劫<br>衰 子女 小耗 | 水二局 | | 紫微<br>天相<br>胎 官祿 病符 |
| 廉貞<br>右弼<br>鈴星<br>天空<br>截空<br>病 財帛/身宮 將軍 | 天使<br>死 疾厄 奏書 | 七殺<br>左輔<br>墓 遷移 飛廉 | 天梁<br>天魁<br>天傷<br>絕 奴僕 喜神 |

權祿夾命之格，左右加會，財官雙美，無不富貴。三十二歲大限在卯逢劫空天虛天傷，小限在寅逢雙空，太歲在申亦會空，是為凶也。

## 郭子儀命

| | | | |
|---|---|---|---|
| 太陰 祿<br>陀羅<br>臨官 兄弟 力士 | 貪狼<br>左輔<br>祿存<br>冠帶 命宮 博士 | 天同 權<br>巨門 忌<br>擎羊<br>沐浴 父母 官符 | 武曲<br>天相<br>右弼<br>鈴星<br>長生 福德 伏兵 |
| 廉貞<br>天府<br>帝旺 夫妻 青龍 | 丁酉年三月二十二日戌時生<br>陰男<br>辛酉年八十五歲三月初五故 | | 太陽<br>天梁<br>天鉞<br>地劫<br>天哭<br>養 田宅 大耗 |
| 天虛<br>衰 子女 小耗 | 水二局 | | 七殺<br>天空<br>胎 官祿 病符 |
| 破軍<br>文曲<br>天馬<br>病 財帛/身宮 將軍 | 火星<br>地空<br>龍池<br>鳳閣<br>天使<br>死 疾厄 奏書 | 紫微<br>文昌<br>墓 遷移 飛廉 | 天機 科<br>天魁<br>天刑<br>天傷<br>絕 奴僕 喜神 |

權祿夾命之格，又兼昌曲加會，無不富貴。八十五歲大限在戌逢天空，小限在未，逢擎羊傷使天虛，故終壽於此年。

## 王珪之命

| | | | |
|---|---|---|---|
| 天相、陀羅、火星、鳳閣<br>臨官　兄弟　力士 | 天梁、文曲、天空、祿存<br>冠帶　命宮　博士 | 廉貞、七殺、擎羊<br>沐浴　父母　官符 | 文昌<br>長生　福德　伏兵 |
| 巨門（忌）、右弼<br>帝旺　夫妻　青龍 | 陰男<br>丁巳年七月初四日寅時生<br>庚子年四十四歲三月初八故 | | 天鉞、地空、龍池<br>養　田宅　大耗 |
| 紫微、貪狼、天刑<br>衰　子女　小耗 | 水二局 | | 天同（權）、左輔<br>胎　官祿／身宮　病符 |
| 天機（科）、太陰（祿）、天馬、截空<br>病　財帛　劫煞　將軍 | 天府、地劫、天哭、天使<br>死　疾厄　奏書 | 太陽、鈴星<br>墓　遷移　飛廉 | 武曲、破軍、天魁、天傷、天虛<br>絕　奴僕　喜神 |

梁居午位，官資清顯朝堂。命垣文曲，科祿權會，位至公卿。四十四歲大小限均入寅，逢劫煞及雙空，太歲入傷使哭虛夾地又鈴星天空對照，故損壽。凡天梁對照文曲入命者，合此格。

## 李太白命

| | | | |
|---|---|---|---|
| 天機（權）、鈴星、天空、祿存<br>絕　命宮　博士 | 紫微、擎羊、地劫、鳳閣<br>胎　父母　力士 | 天刑<br>養　福德／身宮　青龍 | 破軍、龍池<br>長生　田宅　小耗 |
| 七殺、陀羅、地空、截空<br>墓　兄弟　官符 | 陽男<br>丙辰年十一月初十日未時生<br>戊戌年四十三歲四月初七故 | | 天鉞、火星<br>沐浴　官祿　將軍 |
| 太陽、天梁、文昌（科）<br>死　夫妻　伏兵 | 水二局 | | 廉貞（忌）、天府、天虛、天傷<br>冠帶　奴僕　奏書 |
| 武曲、天相、左輔、天馬、天哭<br>病　子女　大耗 | 天同（祿）、巨門<br>衰　財帛　病符 | 貪狼、右弼、天使<br>帝旺　疾厄　喜神 | 太陰、文曲、天魁<br>臨官　遷移　飛廉 |

天魁天鉞，世稱李白文華，太陰昌曲合於妻宮，穩步蟾宮，文章令聞。權祿巡逢，雙祿會命，富貴終身。只奈空劫羊陀四煞夾命，故壽不長久。

## 鄭森之命

| | | | |
|---|---|---|---|
| 太陽忌<br>父母<br>小耗 病 | 破軍權 文昌 火星 天哭 天虛<br>福德<br>將軍 死 | 天機 天鉞 地空<br>田宅<br>奏書 墓 | 紫微 天府 文曲 截空<br>官祿<br>飛廉 絕 |
| 武曲科 右弼 龍池<br>命宮<br>青龍 衰 | 甲子年七月十三日辰時生<br>陽男<br>壬寅年三十八歲六月二十三故<br>木三局 | | 太陰 天傷<br>奴僕<br>喜神 胎 |
| 天同 擎羊 地劫 天刑<br>兄弟<br>力士 帝旺 | | | 貪狼 左輔 鳳閣<br>遷移<br>病符 養 |
| 七殺 鈴星 祿存 天馬<br>夫妻<br>博士 臨官 | 天梁 天魁 陀羅 天空<br>子女<br>官符 冠帶 | 廉貞祿 天相<br>財帛／身宮<br>伏兵 沐浴 | 巨門 天使<br>疾厄<br>大耗 長生 |

紫府天相朝垣，輔弼拱照，為君臣慶會，科祿巡逢，文武雙全，富貴全美，故為一方之霸。三十八歲大限入未，逢空劫羊陀天使；小限在亥，天使擎羊空劫，太歲哭虛截空會照，故壽終。

## 吳秉直命

| | | | |
|---|---|---|---|
| 火星<br>子女<br>大耗 絕 | 天機 文昌<br>夫妻<br>伏兵 胎 | 紫微 破軍 陀羅 天鉞 鈴星 截空 天刑 地空<br>兄弟<br>官符 養 | 文曲 祿存 天哭<br>命宮<br>博士 長生 |
| 太陽祿 天虛<br>財帛／身宮<br>病符 墓 | 庚戌年十一月十二日辰時生<br>陽男<br>乙未年四十六歲七月初九故<br>水二局 | | 天府 擎羊<br>父母<br>力士 沐浴 |
| 武曲權 七殺 地劫 天使<br>疾厄<br>喜神 死 | | | 太陰科<br>福德<br>青龍 冠帶 |
| 天同忌 天梁 左輔 天馬 龍池<br>遷移<br>飛廉 病 | 天相 天魁 天傷<br>奴僕<br>奏書 衰 | 巨門 右弼 鳳閣<br>官祿<br>將軍 帝旺 | 廉貞 貪狼 天空<br>田宅<br>小耗 臨官 |

巨日拱照，日辰月戌並爭榮。左右拱照，終身富貴。四十六歲大限行子，哭虛入限，小限入丑，羊陀地空天傷天刑會照，太歲陀羅空劫傷使，俱主凶兆，其年命終。

## 燕哲之命

| | | | |
|---|---|---|---|
| 天同 鈴星 天刑<br>子女　小耗　長生 | 武曲（科） 天府 文曲<br>夫妻　將軍　沐浴 | 太陽（忌） 太陰 天鉞<br>兄弟　奏書　冠帶 | 貪狼 文昌 天馬 天哭 截空<br>命宮　飛廉　臨官 |
| 破軍（權） 天虛<br>財帛　青龍　養 | 甲戌年九月二十六日寅時生<br>陽男<br>乙丑年五十二歲七月十二故 | 金四局 | 天機 巨門 地空<br>父母　喜神　帝旺 |
| 擎羊 火星 天使<br>疾厄　力士　胎 | | | 紫微 天相<br>福德　病符　衰 |
| 廉貞（祿） 右弼 祿存 龍池<br>遷移　博士　絕 | 天魁 陀羅 地劫 天傷<br>奴僕　官符　墓 | 七殺 左輔 鳳閣<br>官祿／身宮　伏兵　死 | 天梁 天空<br>田宅　大耗　病 |

權祿加會，左右拱照，終身福厚之論。五十二歲大限行子，哭虛會照，小限入未，地劫羊陀傷使逢，太歲入天傷之地，逢空劫陀羅天刑，故壽終。

## 顧孟錫命

| | | | |
|---|---|---|---|
| 天府<br>子女　大耗　絕 | 天同（忌） 太陰（科） 文昌 火星<br>夫妻　伏兵　胎 | 武曲（權） 貪狼 陀羅 天鉞 地空 截空 天刑<br>兄弟　官符　養 | 太陽（祿） 巨門 文曲 祿存<br>命宮　博士　長生 |
| 財帛／身宮　病符　墓 | 庚申年十一月二十日辰時生<br>陽男<br>壬子年五十三歲九月初三故 | 水二局 | 天相 擎羊 天空<br>父母　力士　沐浴 |
| 廉貞 破軍 地劫 天使<br>疾厄　喜神　死 | | | 天機 天梁 天哭<br>福德　青龍　冠帶 |
| 左輔 鈴星 天馬 鳳閣 天虛<br>遷移　飛廉　病 | 天魁 天傷<br>奴僕　奏書　衰 | 右弼 龍池<br>官祿　將軍　帝旺 | 紫微 七殺<br>田宅　小耗　臨官 |

巨日同宮，雙祿守垣，左右拱照，允為富貴。五十三歲大限入丑，逢羊陀天傷及三空，小限入寅，逢哭虛火鈴會照，故損壽。

## 馬直節命

| | | | |
|---|---|---|---|
| 天相<br>子女 絕 大耗 | 天梁 左輔<br>夫妻 胎 伏兵 | 廉貞 七殺 天鉞 陀羅 天空 截空 地劫<br>兄弟 養 官符 | 右弼 祿存<br>命宮 長生 博士 |
| 巨門 鳳閣<br>財帛 墓 病符 | 庚午年三月二十八日申時生<br>陽男<br>丙辰年四十七歲正月初七故 | 水二局 | 擎羊 火星<br>父母 沐浴 力士 |
| 紫微 貪狼 地空 天使<br>疾厄 死 喜神 | | | 天同 龍池 忌<br>福德 冠帶 青龍 |
| 天機 太陰 文昌 天馬 科<br>遷移 病 飛廉 | 天府 天魁 天傷<br>奴僕 衰 奏書 | 太陽 文曲 天哭 天虛 祿<br>官祿/身宮 帝旺 將軍 | 武曲 破軍 鈴星 天刑 權<br>田宅 臨官 小耗 |

巨日拱照，雙祿交流，允為富貴。四十七歲大限入子，逢哭虛之地，太歲入天羅，亦逢哭虛拱照，歲限相沖，凶也，故死於是年。

## 鄢王之命

| | | | |
|---|---|---|---|
| 太陽 忌<br>父母 病 小耗 | 破軍 文昌 火星 權<br>福德 死 將軍 | 天機 天鉞 地空<br>田宅 墓 奏書 | 紫微 天府 文曲 截空<br>官祿 絕 飛廉 |
| 武曲 右弼 科<br>命宮 衰 青龍 | 甲申年七月二十一日辰時生<br>陽男<br>庚寅年六十七歲三月初十故 | 木三局 | 太陰 天空 天傷<br>奴僕 胎 喜神 |
| 天同 擎羊 地劫 天刑<br>兄弟 帝旺 力士 | | | 貪狼 左輔 天哭<br>遷移 養 病符 |
| 七殺 鈴星 祿存 天馬 鳳閣 天虛<br>夫妻 臨官 博士 | 天梁 天魁 陀羅<br>子女 冠帶 官符 | 廉貞 天相 龍池 祿<br>財帛/身宮 沐浴 伏兵 | 巨門 天使<br>疾厄 長生 大耗 |

貪武同行，左右對守，應為吉命，一生坐享富貴。六十七歲大限到地網逢天哭天虛，小限到天羅，天哭截空逢，太歲行羊陀夾地哭虛同，大小二限俱到天羅地網，流年亦凶，故損壽也。

## 甯萃之命

| | | | |
|---|---|---|---|
| 子女<br>廉貞 貪狼 鈴星 天刑<br>絕 大耗 | 夫妻<br>巨門 文曲 龍池<br>胎 伏兵 | 兄弟<br>天相 天鉞 陀羅 截空<br>養 官符 | 命宮<br>天同(忌) 天梁 文昌 祿存 天馬 天虛<br>長生 博士 |
| 財帛<br>太陰(科) 天哭<br>墓 病符 | 庚寅年九月初一日寅時生<br>陽男<br>辛巳年五十二歲三月初七故<br>水二局 | | 父母<br>武曲(權) 七殺 擎羊 地空<br>沐浴 力士 |
| 疾厄<br>天府 火星 天使 天空<br>死 喜神 | | | 福德<br>太陽(祿)<br>冠帶 青龍 |
| 遷移<br>右弼<br>病 飛廉 | 奴僕<br>紫微 破軍 天魁 地劫 天傷<br>衰 奏書 | 官祿/身宮<br>天機 左輔<br>帝旺 將軍 | 田宅<br>臨官 小耗 |

機月同梁之格，一生吏業爭榮。五十二歲大限入丑，天傷之地，又逢空劫羊陀，小限入未，陀羅逢地劫天空傷使，太歲亦逢空劫拱照，故亡於是年。

## 李嗣源命

| | | | |
|---|---|---|---|
| 子女<br>巨門(忌) 陀羅 天刑 天虛<br>臨官 力士 | 夫妻<br>廉貞 天相 文曲 祿存<br>冠帶 博士 | 兄弟<br>天梁 擎羊 天哭<br>沐浴 官符 | 命宮<br>七殺 文昌 天馬<br>長生 伏兵 |
| 財帛<br>貪狼<br>帝旺 青龍 | 丁亥年九月初五日寅時生<br>陰男<br>癸巳年六十七歲十一月初七故<br>土五局 | | 父母<br>天同(權) 天鉞 地空<br>養 大耗 |
| 疾厄<br>太陰(祿) 龍池 天使<br>衰 小耗 | | | 福德<br>武曲<br>胎 病符 |
| 遷移<br>紫微 天府 右弼 截空<br>病 將軍 | 奴僕<br>天機(科) 地劫 天傷<br>死 奏書 | 官祿/身宮<br>破軍 左輔 鈴星 天空<br>墓 飛廉 | 田宅<br>太陽 天魁 火星 鳳閣<br>絕 喜神 |

七殺朝斗，一生爵祿榮昌。紫府朝垣，左右拱照，終身富貴。六十七歲大限入寅為傷使夾地，小限入未，擎羊天哭逢傷使，太歲陀羅天虛會空劫天傷，故凶也。

## 白起之命

| | | | |
|---|---|---|---|
| 陀羅 天馬 天哭 龍池<br>臨官 夫妻 力士 | 天機 文昌 祿存 天刑<br>冠帶 兄弟 博士 | 紫微 破軍 擎羊 火星 地空 天虛<br>沐浴 命宮 官符 | 文曲(忌) 天鉞<br>長生 父母 伏兵 |
| 太陽<br>帝旺 子女 青龍 | 陰男<br>己丑年十月三十日辰時生<br>癸卯年七十五歲正月十四故 | | 天府 鳳閣 截空<br>養 福德 大耗 |
| 武曲(祿) 七殺 地劫<br>衰 財帛/身宮 小耗 | 土五局 | | 太陰<br>胎 田宅 病符 |
| 天同 天梁(科) 鈴星 天空 天使<br>病 疾厄 將軍 | 天相 左輔 右弼<br>死 遷移 奏書 | 巨門 天魁 天傷<br>墓 奴僕 飛廉 | 廉貞 貪狼(權)<br>絕 官祿 喜神 |

紫微輔弼同行為君臣慶會；火羊同垣，威權出眾，權祿加會，乃文武雙全富貴之命。七十五歲大限入子，為天傷之地，太歲逢雙空地劫擎羊是為凶也，故死。

## 馬援之命

| | | | |
|---|---|---|---|
| 太陽(忌) 天空 天刑 天使<br>臨官 疾厄 小耗 | 破軍(權) 鳳閣<br>帝旺 財帛 將軍 | 天機 天鉞<br>衰 子女 奏書 | 紫微 天府 天馬 龍池 截空<br>病 夫妻 飛廉 |
| 武曲(科) 文曲<br>冠帶 遷移 青龍 | 陽男<br>甲辰年九月十四日子時生<br>己酉年六十六歲正月初八故 | | 太陰<br>死 兄弟 喜神 |
| 天同 擎羊 天傷<br>沐浴 奴僕 力士 | 火六局 | | 貪狼 文昌 鈴星 天虛<br>墓 命宮/身宮 病符 |
| 七殺 右弼 火星 祿存 天哭<br>長生 官祿 博士 | 天梁 天魁 陀羅<br>養 田宅 官符 | 廉貞(祿) 天相 左輔<br>胎 福德 伏兵 | 巨門 地空 地劫<br>絕 父母 大耗 |

科權祿拱，富貴聲揚。貪狼遇鈴，威鎮邊疆，昌曲加會，乃文武雙全也。六十六歲大限入天羅，為傷使夾地，小限入卯，天傷擎羊之地，又逢空劫，故其數難逃。

## 趙普之命

| | | | |
|---|---|---|---|
| 太陽 天鉞 天空<br>夫妻/身宮　絕　飛廉 | 破軍 右弼 鳳閣<br>兄弟　胎　喜神 | 天機<br>命宮　養　病符 | 紫微權 天府科 左輔 天馬 龍池<br>父母　長生　大耗 |
| 武曲忌<br>子女　墓　奏書 | 壬辰年五月十四日亥時生<br>陽男<br>己酉年七十八歲四月十一故 | 水二局 | 太陰 鈴星<br>福德　沐浴　伏兵 |
| 天同 文曲 天魁 截空<br>財帛　死　將軍 | | | 貪狼 陀羅 地劫 天虛<br>田宅　冠帶　官符 |
| 七殺 天哭 天使<br>疾厄　病　小耗 | 天梁祿 火星 天刑<br>遷移　衰　青龍 | 廉貞 天相 擎羊 地空 天傷<br>奴僕　帝旺　力士 | 巨門 文昌 祿存<br>官祿　臨官　博士 |

左右夾命，雙祿加會，富貴雙全到終。七十八歲大限在寅，逢哭虛天使地劫，太歲逢截空天空，是以凶也。

## 皇雨安命

| | | | |
|---|---|---|---|
| 武曲 破軍<br>夫妻　病　伏兵 | 太陽 截空<br>兄弟　衰　大耗 | 天府 左輔 右弼 火星<br>命宮　帝旺　病符 | 天機祿 太陰忌 天鉞 鈴星 天空<br>父母　臨官　喜神 |
| 天同 擎羊<br>子女　死　官符 | 乙未年四月二十四日戌時生<br>陰男<br>己卯年四十五歲四月十一故 | 木三局 | 紫微科 貪狼 地劫<br>福德　冠帶　飛廉 |
| 祿存 鳳閣<br>財帛/身宮　墓　博士 | | | 巨門<br>田宅　沐浴　奏書 |
| 文曲 陀羅 天使<br>疾厄　絕　力士 | 廉貞 七殺 地空 天虛<br>遷移　胎　青龍 | 天梁權 文昌 天魁 天刑 天傷<br>奴僕　養　小耗 | 天相 天馬 龍池 天哭<br>官祿　長生　將軍 |

左右同宮，日月夾命，其貴必矣。四十五歲大限在卯，逢地劫天哭火星，小限在酉，逢空劫天虛拱照，太歲重疊大限，歲限相沖，是以凶也。

## 白居易命

| | | | |
|---|---|---|---|
| 天同 天虛<br>伏兵 夫妻 病 | 武曲 天府 左輔 火星 截空<br>大耗 兄弟 衰 | 太陽 太陰 鈴星 天哭 忌<br>病符 命宮 帝旺 | 貪狼 右弼 天鉞 地劫<br>喜神 父母 臨官 |
| 破軍 擎羊<br>官符 子女 死 | 乙亥年三月二十七日酉時生<br>陰男<br>丙寅年五十二歲二月初五故 | | 天機 巨門 祿<br>飛廉 福德 冠帶 |
| 祿存 龍池<br>博士 財帛 墓 | 木三局 | | 紫微 天相 科<br>奏書 田宅 沐浴 |
| 廉貞 陀羅 地空 天馬 天使<br>力士 疾厄 絕 | 文昌 文曲<br>青龍 遷移／身宮 胎 | 七殺 天魁 天空 天傷<br>小耗 奴僕 養 | 天梁 天刑 鳳閣 權<br>將軍 官祿 長生 |

權祿拱照，左右夾垣。日月同宮，昌曲守身，富貴之命。命帶忌星，壽難長久。五十二歲大限到卯，天哭天刑鈴星逢，小限入辰擎羊逢天傷地劫，太歲陀羅天使逢劫空，故亡。

## 司馬遷命

| | | | |
|---|---|---|---|
| 天府 天鉞 科<br>飛廉 夫妻 絕 | 天同 太陰 龍池<br>喜神 兄弟 胎 | 武曲 貪狼 左輔 右弼 忌<br>病符 命宮 養 | 太陽 巨門 鳳閣 天虛<br>大耗 父母 長生 |
| 天哭<br>奏書 子女 墓 | 壬寅年四月二十日戌時生<br>陽男<br>丁卯年二十六歲二月十二故 | | 天相 地劫<br>伏兵 福德 沐浴 |
| 廉貞 破軍 天魁 天空 截空<br>將軍 財帛／身宮 死 | 水二局 | | 天機 天梁 陀羅 祿<br>官符 田宅 冠帶 |
| 文曲 天使<br>小耗 疾厄 病 | 鈴星 地空<br>青龍 遷移 衰 | 文昌 擎羊 天刑 天傷<br>力士 奴僕 帝旺 | 紫微 七殺 火星 祿存 天馬 權<br>博士 官祿 臨官 |

權祿會合，左右同宮，少年顯貴。命逢化忌，壽難長久。二十六歲大限入酉，地劫會三空，小限入巳，亦為空劫會照；太歲地劫天空截空同會，故亡矣。

## 殷倫之命

| | | | |
|---|---|---|---|
| 天府 文曲 祿存 天刑<br>財帛 臨官 博士 | 天同祿 太陰 擎羊<br>子女 帝旺 力士 | 武曲 貪狼 紅鸞<br>夫妻 衰 青龍 | 太陽 巨門 天馬<br>兄弟 病 小耗 |
| 陀羅 截空 天使<br>疾厄 冠帶 官符 | 陽男<br>丙申年九月十三日丑時生<br>戊子年五十三歲三月十八故 | | 天相科 文昌 天鉞 天空<br>命宮 死 將軍 |
| 廉貞忌 破軍 火星<br>遷移 沐浴 伏兵 | 火六局 | | 天機權 天梁 地空 天哭<br>父母 墓 奏書 |
| 右弼 鳳閣 天虛 天傷<br>奴僕 長生 大耗 | 官祿 養 病符 | 左輔 地劫 龍池<br>田宅 胎 喜神 | 紫微 七殺 天魁 鈴星<br>福德/身宮 絕 飛廉 |

府相朝垣，昌曲加會，財官雙美富貴之命。五十三歲大限在丑，無正曜且逢天空天刑，小限在寅，天傷哭虛會照加會擎羊，太歲逢地劫羊陀及天使，故亡。

## 項濟川命

| | | | |
|---|---|---|---|
| 天梁科 文曲 天刑<br>財帛 絕 將軍 | 七殺 天魁<br>子女 墓 小耗 | 龍池 鳳閣<br>夫妻 死 青龍 | 廉貞 陀羅 天馬<br>兄弟 病 力士 |
| 紫微 天相 天空 天使<br>疾厄 胎 奏書 | 陰男<br>辛卯年九月二十三日丑時生<br>壬辰年六十一歲九月初七故 | | 文昌忌 祿存 天虛<br>命宮 衰 博士 |
| 天機 巨門祿 天哭<br>遷移 養 飛廉 | 火六局 | | 破軍 擎羊 火星 地空<br>父母 帝旺 官符 |
| 貪狼 右弼 天鉞 天傷<br>奴僕 長生 喜神 | 太陽權 太陰<br>官祿 沐浴 病符 | 武曲 天府 左輔 地劫<br>田宅 冠帶 大耗 | 天同 鈴星<br>福德/身宮 臨官 伏兵 |

科祿權會合昌曲，日月丑宮照命，富貴全美。六十一歲大限在天羅，為天使之地逢空劫羊陀會照，太歲亦同，歲限相沖凶也，故亡於是年。

## 呂蒙正命

| | | | |
|---|---|---|---|
| 廉貞 貪狼忌 祿存<br>絕 父母 博士 | 巨門 文曲 右弼 擎羊<br>胎 福德 力士 | 天相<br>養 田宅 青龍 | 天同祿 天梁 文昌科 左輔 天馬<br>長生 官祿/身宮 小耗 |
| 太陰 陀羅 火星 截空<br>墓 命宮 官符 | 丙申年五月二十四日寅時生<br>陽男<br>己卯年四十三歲十一月初六故 | 水二局 | 武曲 七殺 天鉞 天空 地空 天傷<br>沐浴 奴僕 將軍 |
| 天府<br>死 兄弟 伏兵 | | | 太陽 天哭<br>冠帶 遷移 奏書 |
| 鳳閣 天虛<br>病 夫妻 大耗 | 紫微 破軍 地劫 天刑<br>衰 子女 病符 | 天機權 鈴星 龍池<br>帝旺 財帛 喜神 | 天魁 天使<br>臨官 疾厄 飛廉 |

陽梁昌祿會命，金殿傳臚，祿科權會，富貴全美。限步未濟，早年困苦。三十後方及第入相。四十三歲大限入申，逢火鈴陀羅及天虛，太歲逢傷使及雙空拱照，故亡於是年。

## 張溫之命

| | | | |
|---|---|---|---|
| 廉貞 貪狼忌 天鉞 龍池 天哭<br>臨官 父母 喜神 | 巨門權 文昌<br>冠帶 福德 飛廉 | 天相 火星 地空 天虛<br>沐浴 田宅 奏書 | 天同 天梁 文曲<br>長生 官祿 將軍 |
| 太陰科 右弼<br>帝旺 命宮 病符 | 癸丑年七月初四日辰時生<br>陰男<br>癸未年三十一歲正月十一故 | 土五局 | 武曲 七殺 鳳閣 天傷<br>養 奴僕 小耗 |
| 天府 天魁 地劫 天刑<br>衰 兄弟 大耗 | | | 太陽 左輔<br>胎 遷移 青龍 |
| 鈴星 天空 天馬<br>病 夫妻 伏兵 | 紫微 破軍祿 擎羊 截空<br>死 子女 官符 | 天機 祿存<br>墓 財帛/身宮 博士 | 陀羅 天使<br>絕 疾厄 力士 |

魁鉞夾命本為貴，唯日月反背，昌曲落陷居於弱鄉，苗而不秀，故不顯其文也。又限步不遂，故怨恨三十一歲而死。

## 杭寬之命

| | | | |
|---|---|---|---|
| 天梁 權<br>右弼<br>天馬<br>財帛／身宮 臨官 伏兵 | 七殺<br>截空<br>子女 冠帶 大耗 | 夫妻 沐浴 病符 | 廉貞<br>天鉞<br>鈴星<br>兄弟 長生 喜神 |
| 紫微 科<br>天相<br>擎羊<br>天使<br>疾厄 帝旺 官符 | 陰男<br>乙酉年六月初六日戌時生<br>乙亥年五十一歲六月十一故 | 水二局 | 左輔<br>地劫<br>天哭<br>命宮 養 飛廉 |
| 天機 祿<br>巨門<br>祿存<br>天虛<br>遷移 衰 博士 | | | 破軍<br>天空<br>父母 胎 奏書 |
| 貪狼<br>文曲<br>陀羅<br>天刑<br>天傷<br>奴僕 病 力士 | 太陽 忌<br>太陰<br>火星<br>地空<br>官祿 死 青龍 | 武曲<br>天府<br>文昌<br>天魁<br>田宅 墓 小耗 | 天同<br>福德 絕 將軍 |

發不主財，祿纏於陷地，命宮逢空劫沖照，終身不得發達。五十一歲大限行巳，空劫天哭逢，小限入酉，空劫哭虛同，命限相沖，凶也，故損壽。

## 石崇富命

| | | | |
|---|---|---|---|
| 巨門<br>鈴星<br>父母 病 小耗 | 廉貞 祿<br>天相<br>文曲<br>右弼<br>福德 死 將軍 | 天梁<br>天鉞<br>天空<br>田宅 墓 奏書 | 七殺<br>文昌<br>左輔<br>天馬<br>截空<br>官祿／身宮 絕 飛廉 |
| 貪狼<br>鳳閣<br>命宮 衰 青龍 | 陽男<br>戊子年五十四歲十一月初五故 | 甲午年五月初三日寅時生<br>木三局 | 天同<br>地空<br>天傷<br>奴僕 胎 喜神 |
| 太陰<br>擎羊<br>火星<br>兄弟 帝旺 力士 | | | 武曲 科<br>龍池<br>遷移 養 病符 |
| 紫微<br>天府<br>祿存<br>夫妻 臨官 博士 | 天機<br>天魁<br>陀羅<br>地劫<br>天刑<br>子女 冠帶 官符 | 破軍 權<br>天哭<br>天虛<br>財帛 沐浴 伏兵 | 太陽 忌<br>天使<br>疾厄 長生 大耗 |

處世榮華，權祿守財福。命逢文昌武曲拱照，為巨富之命。大限五十四入天傷之地，逢空劫羊陀拱照，小限亦同，太歲入哭虛之地，加會截空，故壽終。

## 范丹貧命

| | | | |
|---|---|---|---|
| 天相<br>左輔<br>天馬<br>祿存<br>天傷<br>絕<br>**奴僕**<br>博士 | 天梁<br>擎羊<br>鈴星<br>胎<br>**遷移/身宮**<br>力士 | 廉貞 忌<br>七殺<br>文昌 科<br>文曲<br>天使<br>天空<br>養<br>**疾厄**<br>青龍 | 地空<br>長生<br>**財帛**<br>小耗 |
| 巨門<br>陀羅<br>火星<br>截空<br>墓<br>**官祿**<br>官符 | 陽男<br>丙午年二月初十日卯時生<br>甲子年七十七歲七月初五故 | 土五局 | 右弼<br>天鉞<br>沐浴<br>**子女**<br>將軍 |
| 紫微<br>貪狼<br>死<br>**田宅**<br>伏兵 | | | 天同 祿<br>天刑<br>冠帶<br>**夫妻**<br>奏書 |
| 天機 權<br>太陰<br>地劫<br>病<br>**福德**<br>大耗 | 天府<br>死<br>**父母**<br>病符 | 太陽<br>天哭<br>天虛<br>帝旺<br>**命宮**<br>喜神 | 武曲<br>破軍<br>天魁<br>臨官<br>**兄弟**<br>飛廉 |

生來貧賤，劫空臨財福之鄉，祿馬陷於絕地之中，年限入美景方得名揚。七十七歲大限入於天空天使，小限入申，空劫陀羅及哭虛會照，故亡。

## 車明貧命

| | | | |
|---|---|---|---|
| 左輔<br>祿存<br>天馬<br>天傷<br>長生<br>**奴僕**<br>博士 | 天機 忌<br>擎羊<br>鈴星<br>帝旺<br>**遷移/身宮**<br>力士 | 紫微<br>破軍<br>文昌<br>文曲<br>天鉞<br>天使<br>天空<br>冠帶<br>**疾厄**<br>青龍 | 地空<br>臨官<br>**財帛**<br>小耗 |
| 太陽<br>陀羅<br>火星<br>鳳閣<br>養<br>**官祿**<br>官符 | 陽男<br>戊午年二月二十四日卯時生<br>庚申年六十三歲五月初三故 | 金四局 | 天府<br>右弼 科<br>帝旺<br>**子女**<br>將軍 |
| 武曲<br>七殺<br>胎<br>**田宅**<br>伏兵 | | | 太陰 權<br>天刑<br>龍池<br>衰<br>**夫妻**<br>奏書 |
| 天同<br>天梁<br>地劫<br>絕<br>**福德**<br>大耗 | 天相<br>天魁<br>墓<br>**父母**<br>病符 | 巨門<br>天哭<br>天虛<br>截空<br>死<br>**命宮**<br>喜神 | 廉貞<br>貪狼 祿<br>病<br>**兄弟**<br>飛廉 |

生來貧賤，劫空臨財福之鄉，六十三歲大限行天傷之地，小限入擎羊之地，逢哭虛地劫天刑，太歲逢空劫哭虛，故亡。

## 和尚之命

| | | | |
|---|---|---|---|
| 天同 文曲 天刑<br>財帛 臨官 伏兵 | 武曲 天府 截空<br>子女 冠帶 大耗 | 太陽 太陰忌<br>夫妻 沐浴 病符 | 貪狼 天鉞 天馬<br>兄弟 長生 喜神 |
| 破軍 擎羊 火星 天使<br>疾厄 帝旺 官伏 | 陰男<br>乙酉年九月十八日丑時生<br>乙亥年五十一歲四月初十故 | 水二局 | 天機祿 巨門 文昌 天哭<br>命宮 養 飛廉 |
| 祿存 天虛<br>遷移 衰 博士 | | | 紫微科 天相 天空 地空<br>父母 胎 奏書 |
| 廉貞 右弼 陀羅 天傷<br>奴僕 病 力士 | 龍池 鳳閣<br>官祿 死 青龍 | 七殺 左輔 天魁 地劫<br>田宅 墓 小耗 | 天梁權 鈴星<br>福德/身宮 絕 將軍 |

巨機酉上化吉者，縱有財官也不榮，俗人發達終夭。空門享福豐隆。五十一歲大限入巳，天刑鈴星天哭逢，小限入酉，哭虛會照，太歲行空劫夾地，故壽終。

## 和尚之命

| | | | |
|---|---|---|---|
| 武曲祿 破軍 左輔 陀羅 地劫 鳳閣 天馬 地空<br>父母 長生 大耗 | 太陽 天空 祿存<br>子女 養 博士 | 天府 擎羊<br>夫妻 胎 官符 | 天機 太陰 天鉞<br>兄弟 絕 伏兵 |
| 天同 文昌 鈴星 天使<br>疾厄 沐浴 青龍 | 陰男<br>己巳年二月二十二日午時生<br>辛亥年四十三歲三月初三故 | 金四局 | 紫微 貪狼權 右弼 火星 龍池<br>命宮/身宮 墓 大耗 |
| 遷移 冠帶 小耗 | | | 巨門 文曲忌 天刑<br>父母 死 病伏 |
| 天傷<br>奴僕 臨官 將軍 | 廉貞 七殺 天哭<br>官祿 帝旺 奏書 | 天梁科 天魁<br>田宅 衰 飛廉 | 天相 天虛<br>福德 病 喜神 |

極居卯酉，多為脫俗之僧。雖祿權扶持，惜逢殺破空劫沖照。大限四十三歲入午，天空天傷逢，小限入丑，天哭之地，空劫沖照，又逢羊陀，太歲亦逢羊陀空劫天虛，故壽終。

## 楊道人命

| | | | |
|---|---|---|---|
| 天相 天鉞<br>福德<br>長生 飛廉 | 天梁祿 天哭 天虛<br>田宅<br>沐浴 喜神 | 廉貞 七殺<br>官祿<br>冠帶 病伏 | 天馬 天傷<br>奴僕<br>臨官 大耗 |
| 巨門 左輔 龍池<br>父母<br>養 奏書 | 壬子年正月初八日亥時生<br>陽男<br>壬寅年五十一歲十一月初五故 | 金四局 | 鈴星 天刑<br>遷移<br>帝旺 伏兵 |
| 紫微權 貪狼 文曲 天魁 截空<br>命宮<br>胎 將軍 | | | 天同 右弼 陀羅 地劫 天使 鳳閣<br>疾厄<br>衰 官符 |
| 天機 太陰<br>兄弟<br>絕 小耗 | 天府科 火星 天空<br>夫妻/身宮<br>墓 青龍 | 太陽 擎羊 地空<br>子女<br>死 力士 | 武曲忌 破軍 文昌 祿存<br>財帛<br>病 博士 |

極居卯酉，多為脫俗之僧。雖權祿加會，逢刑忌沖破，不過虛名而已。五十一歲大限入未，逢天空截空，小限入子為地空擎羊之地，哭虛天傷會照，太歲亦會合天傷哭虛，故損壽。

## 古峯僧命

| | | | |
|---|---|---|---|
| 太陰 左輔 天馬 天虛<br>福德<br>病 將軍 | 貪狼 天魁<br>田宅<br>衰 小耗 | 天同 巨門祿 天哭<br>官祿<br>帝旺 青龍 | 武曲 天相 陀羅 天傷<br>奴僕<br>臨官 力士 |
| 廉貞 天府 文曲科<br>父母<br>死 奏書 | 辛亥年二月二十五日子時生<br>陰男<br>丙申年四十六歲四月初三故 | 木三局 | 太陽權 天梁 右弼 火星 祿存<br>遷移<br>冠帶 博士 |
| 龍池<br>命宮/身宮<br>墓 飛廉 | | | 七殺 文昌忌 擎羊 鈴星 天刑 天使<br>疾厄<br>沐浴 官符 |
| 破軍 天鉞<br>兄弟<br>絕 喜神 | 夫妻<br>胎 病伏 | 紫微 天空<br>子女<br>養 大耗 | 天機 地劫 地空 鳳閣<br>財帛<br>長生 伏兵 |

命無正曜，雖酉未宮權祿加臨又會機梁。但命會空劫，宜為僧道，有岩泉之名。四十六歲大限入空劫之地，會照哭虛，小限入地網，擎羊天使守照，太歲又逢陀羅天傷，其數安能逃。

## 寶壇僧命

| | | | |
|---|---|---|---|
| 天相 天鉞 天馬<br>夫妻 絕 飛廉 | 天梁（祿） 文昌 火星 天刑<br>兄弟 胎 喜神 | 廉貞 七殺 地空<br>命宮 養 病符 | 文曲<br>父母 長生 大耗 |
| 巨門<br>子女 墓 奏書 | 陽男<br>壬申年十月初四日辰時生<br>壬戌年五十一歲十月十一故 | 水二局 | 天空<br>福德 沐浴 伏兵 |
| 紫微（權） 貪狼 天魁 地劫 截空<br>財帛／身宮 死 將軍 | | | 天同 陀羅 天哭<br>田宅 冠帶 官符 |
| 天機 太陰 鈴星 天虛 天使<br>疾厄 病 小耗 | 天府（科） 左輔 右弼<br>遷移 衰 青龍 | 太陽 擎羊 天傷<br>奴僕 帝旺 力士 | 武曲（忌） 破軍 祿存<br>官祿 臨官 博士 |

科權祿拱，左右朝垣，本似富貴之命。奈何空劫身命，忌星會合，只宜為僧，有岩泉之名。五十一歲大限入亥，空劫會照，小限入子，擎羊天傷，太歲入地網又逢陀羅火鈴哭虛合天使，故壽終。

## 武安王命

| | | | |
|---|---|---|---|
| 巨門 地空 地劫 祿存 天傷<br>奴僕 長生 博士 | 廉貞 天相 右弼（科） 擎羊<br>遷移 沐浴 力士 | 天梁 天鉞 火星 天空 天使<br>疾厄 冠帶 青龍 | 七殺 左輔 天馬<br>財帛 臨官 小耗 |
| 貪狼（祿） 文昌 陀羅 鳳閣<br>官祿 養 官符 | 陽男<br>戊午年五月十三日午時生<br>乙卯年五十八歲八月初七故 | 金四局 | 天同 鈴星<br>子女 帝旺 將軍 |
| 太陰（權）<br>田宅 胎 伏兵 | | | 武曲 文曲 龍池<br>夫妻 衰 奏書 |
| 紫微 天府<br>福德 絕 大耗 | 天機（忌） 天魁 天刑<br>父母 墓 病符 | 破軍 截空 天哭 天虛<br>命宮／身宮 死 喜神 | 太陽<br>兄弟 病 飛廉 |

殺破廉貞俱作惡，廟而不陷掌三軍，科祿左右加會，武職崢嶸。五十八歲大限入巳，空劫天傷之地，小限在丑，劫空傷使加火鈴，故壽終。

## 嚴介溪命

| | | | |
|---|---|---|---|
| 武曲 破軍 權<br>長生 **命宮** 大耗 | 太陽 天哭 天虛 祿<br>沐浴 **父母** 伏兵 | 天府 天鉞 陀羅 鈴星 截空<br>冠帶 **福德** 官符 | 天機 太陰 地劫 祿存 天馬 科<br>臨官 **田宅** 博士 |
| 天同 左輔 龍池 忌<br>養 **兄弟** 病符 | 庚子年正月二十二日酉時生<br>陽男<br>癸亥年八十四歲五月初九故 | | 紫微 貪狼 擎羊 天刑<br>帝旺 **官祿** 力士 |
| 胎 **夫妻** 喜神 | 金四局 | | 巨門 右弼 鳳閣 天傷<br>衰 **奴僕** 青龍 |
| 地空<br>絕 **子女** 飛廉 | 廉貞 七殺 文昌 文曲 天魁 天空<br>墓 **財帛** 奏書 | 天梁 天使<br>死 **疾厄** 將軍 | 天相 火星<br>病 **遷移／身宮** 小耗 |

武曲守垣，昌曲朝照。火羊會照，威權出眾，文武雙全，大富貴也。子息宮逢空劫哭虛及天傷且有飛廉為害，故因子破敗而臨終，不得全美也。

## 萬兩溪命

| | | | |
|---|---|---|---|
| 太陽 天虛<br>病 **夫妻** 伏兵 | 破軍 文曲 截空<br>衰 **兄弟** 大耗 | 天機 天哭 祿<br>帝旺 **命宮** 病符 | 紫微 天府 文昌 天鉞 科<br>臨官 **父母** 喜神 |
| 武曲 擎羊 天刑<br>死 **子女** 官符 | 乙亥年八月二十一日寅時生<br>陰男<br>庚寅年七十六歲八月初四故 | | 太陰 地空 忌<br>冠帶 **福德** 飛廉 |
| 天同 右弼 祿存 龍池<br>墓 **財帛** 博士 | 木三局 | | 貪狼<br>沐浴 **田宅** 奏書 |
| 七殺 陀羅 天使<br>絕 **疾厄** 力士 | 天梁 地劫 權<br>胎 **遷移** 青龍 | 廉貞 天相 天魁 鈴星 天傷<br>養 **奴僕** 小耗 | 巨門 左輔 火星 天馬 鳳閣<br>病 **官祿／身宮** 將軍 |

此為祿權坐守，雙祿會命，昌曲夾命，左右加會，乃富貴雙全，福壽有終之命。七十六歲大限到子，天傷擎羊之地，太歲陀羅天使逢截空，是以命亡。

## 鄧鍊之命

| | | | |
|---|---|---|---|
| 巨門<br>天鉞<br>天馬<br>夫妻<br>絕 飛廉 | 廉貞<br>天相<br>文昌<br>火星<br>天刑<br>天哭<br>兄弟<br>胎 喜神 | 天梁 祿<br>地空<br>命宮<br>養 病符 | 七殺<br>文曲<br>父母<br>長生 大耗 |
| 貪狼<br>龍池<br>子女<br>墓 奏書 | 庚子年四十九歲正月初九故 | 王子年十月初二日辰時生<br>陽男 | 天同<br>福德<br>沐浴 伏兵 |
| 太陰<br>天魁<br>地劫<br>截空<br>財帛/身宮<br>死 將軍 | | 水二局 | 武曲 忌<br>陀羅<br>鳳閣<br>田宅<br>冠帶 官符 |
| 紫微 權<br>天府 科<br>鈴星<br>天使<br>疾厄<br>病 小耗 | 天機<br>左輔<br>右弼<br>天空<br>遷移<br>衰 青龍 | 破軍<br>擎羊<br>天傷<br>奴僕<br>帝旺 力士 | 太陽<br>祿存<br>官祿<br>臨官 博士 |

昌曲夾命，左右朝垣，雙祿守照，無不富貴。早年連登科第，位至監察御史，轉陞京卿。四十九歲小限入地網，逢陀忌，太歲擎羊天傷，以至倒壽。

## 譚二華命

| | | | |
|---|---|---|---|
| 天同 忌<br>天空<br>地劫<br>地空<br>田宅<br>絕 大耗 | 武曲 權<br>天府<br>鳳閣<br>三台<br>官祿<br>胎 伏兵 | 太陽 祿<br>太陰 科<br>陀羅<br>天鉞<br>天傷<br>奴僕<br>養 官符 | 貪狼<br>火星<br>祿存<br>龍池<br>八座<br>遷移<br>長生 博士 |
| 破軍<br>文昌<br>鈴星<br>右弼<br>福德<br>墓 病符 | 甲申年六十五歲十月十五故 | 庚辰年七月二十一日午時生<br>陽男 | 天機<br>巨門<br>擎羊<br>天使<br>疾厄<br>沐浴 力士 |
| 天刑<br>父母<br>死 喜神 | 土五局 | | 紫微<br>天相<br>文曲<br>左輔<br>天虛<br>財帛<br>冠帶 青龍 |
| 廉貞<br>天馬<br>天哭<br>命宮/身宮<br>病 飛廉 | 天魁<br>兄弟<br>衰 奏書 | 七殺<br>夫妻<br>帝旺 將軍 | 天梁<br>子女<br>臨官 小耗 |

此為紫府朝垣，文曲武曲會合祿權，加會三台八座，吉星俱拱照，為大貴之命。且廉貞守命垣，庚生人合之為貴，終身福厚，位登二品。

## 李宗師命

| | | | |
|---|---|---|---|
| 天同 天空 祿存<br>臨官 兄弟 博士 | 武曲 天府 擎羊 鈴星<br>帝旺 命宮 力士 | 太陽(權) 太陰 天鉞 地劫<br>衰 父母 青龍 | 貪狼(祿) 天馬 龍池<br>病 福德 小耗 |
| 破軍 左輔 陀羅<br>冠帶 夫妻 官符 | 戊辰年正月二十六日申時生<br>陽男<br>乙酉年七十八歲十月初二故<br>火六局 | | 天機(忌) 巨門 天刑<br>死 田宅 將軍 |
| 地空<br>沐浴 子女 伏兵 | | | 紫微 天相(科) 右弼 火星 天虛<br>墓 官祿/身宮 奏書 |
| 廉貞 文昌 天哭<br>長生 財帛 大耗 | 天魁 天使<br>養 疾厄 病符 | 七殺 文曲 截空<br>胎 遷移 喜神 | 天梁 天傷<br>絕 奴僕 飛廉 |

此為府相朝垣，昌曲加會，文名聲揚。但刑妻無子，終身享高爵厚祿。七十八歲大限在丑，天使劫空會照，小限入卯逢空劫，太歲雙空天使拱照，又入死地，故壽終。

## 裴應章命

| | | | |
|---|---|---|---|
| 天相 陀羅<br>臨官 兄弟 力士 | 天梁 祿存<br>冠帶 命宮 博士 | 廉貞 七殺 左輔 右弼 擎羊<br>沐浴 父母 官符 | 長生 福德 伏兵 |
| 巨門(忌)<br>帝旺 夫妻/身宮 青龍 | 丁酉年四月二十九日亥時生<br>陰男<br>水二局 | | 天鉞 鈴星 天哭<br>養 田宅 大耗 |
| 紫微 貪狼 文曲 天虛<br>衰 子女 小耗 | | | 天同(權) 天空 地劫<br>胎 官祿 病伏 |
| 天機(科) 太陰(祿) 火星<br>病 財帛 將軍 | 天府 龍池 鳳閣 天使<br>死 疾厄 奏書 | 太陽 地空 天刑<br>墓 遷移 飛廉 | 武曲 破軍 文昌 天魁 天馬<br>絕 奴僕 喜神 |

梁居午位，官資清顯。科祿權加會，富貴雙全，位登二品。

## 狀元命

| | | | |
|---|---|---|---|
| 太陰 陀羅 鳳閣<br>官祿／身宮<br>臨官 力士 | 貪狼權 鈴星 天空 祿存 天傷<br>奴僕<br>冠帶 博士 | 天同 巨門 擎羊 地劫<br>遷移<br>沐浴 官符 | 武曲祿 天相 天鉞 天使<br>疾厄<br>長生 伏兵 |
| 廉貞 天府 天刑<br>田宅<br>帝旺 青龍 | 己巳年八月二十三日申時生<br>陰男 | | 太陽科 天梁 龍池 截空<br>財帛<br>養 大耗 |
| 右弼 地空<br>福德<br>衰 小耗 | 水二局 | | 七殺<br>子女<br>胎 病符 |
| 破軍 文昌<br>父母<br>病 將軍 | 天哭<br>命宮<br>死 奏書 | 紫微 文曲忌 天魁<br>兄弟<br>墓 飛廉 | 天機 左輔 火星 天馬 天虛<br>夫妻<br>絕 喜神 |

日月照命，昌曲夾命。且前後三方吉集，尤為大貴。對宮羊刃，入廟不妨。

## 唐狀元命

| | | | |
|---|---|---|---|
| 廉貞 貪狼<br>官祿<br>絕 伏兵 | 巨門 文昌 天傷<br>奴僕<br>墓 大耗 | 天相 左輔 右弼 火星 地空<br>遷移<br>死 病符 | 天同 天梁權 文曲 天鉞 天使<br>疾厄<br>病 喜神 |
| 太陰忌 擎羊<br>田宅<br>胎 官符 | 乙酉年四月初五日辰時生<br>陰男 | | 武曲 七殺 天哭<br>財帛／身宮<br>衰 飛廉 |
| 天府 地劫 祿存 天虛<br>福德<br>養 博士 | 火六局 | | 太陽 天空<br>子女<br>帝旺 奏書 |
| 陀羅 鈴星<br>父母<br>長生 力士 | 紫微科 破軍 龍池 鳳閣<br>命宮<br>沐浴 青龍 | 天機祿 天魁 天刑<br>兄弟<br>冠帶 小耗 | 天馬<br>夫妻<br>臨官 將軍 |

紫微守命，龍池鳳閣入命，左輔右弼朝垣。天相得紫微，是為君臣加會。其富貴必矣。

## 常國公命

| | | | |
|---|---|---|---|
| 天相 左輔 天馬 鈴星 截空<br>將軍 子女 絕 | 天梁 天魁 地劫<br>小耗 夫妻 墓 | 廉貞 七殺 龍池 鳳閣<br>青龍 兄弟 死 | 陀羅<br>力士 命宮 病 |
| 巨門 火星 天空 地空 祿<br>奏書 財帛 胎 | 陰男<br>辛卯年二月十二日未時生 | | 右弼 祿存 天虛<br>博士 父母 衰 |
| 紫微 貪狼 文昌 天哭 天使 忌<br>飛廉 疾厄 養 | 火六局 | | 天同 擎羊 天刑<br>官符 福德／身宮 帝旺 |
| 天機 太陰 天鉞<br>喜神 遷移 長生 | 天府 天傷<br>病符 奴僕 沐浴 | 太陽 權<br>大耗 官祿 冠帶 | 武曲 破軍 文曲 科<br>伏兵 田宅 臨官 |

命宮雖無正曜，但得三方吉拱，富貴必矣。況公侯承蔭祖宗，即如帝冑之命，不必合格，但得吉星扶持可也。故看命數者，又當因人而論。

## 暨太監命

| | | | |
|---|---|---|---|
| 天相 祿存<br>博士 福德 病 | 天梁 擎羊 天哭 天虛<br>力士 田宅 死 | 廉貞 七殺 忌<br>青龍 官祿 墓 | 天馬 天傷<br>小耗 奴僕 絕 |
| 巨門 左輔 陀羅 龍池 截空<br>官符 父母 衰 | 陽男<br>丙子年正月初六日亥時生 | | 天鉞 鈴星 天刑<br>將軍 遷移 胎 |
| 紫微 貪狼 文曲<br>伏兵 命宮 帝旺 | 木三局 | | 天同 右弼 地劫 鳳閣 天使 祿<br>奏書 疾厄 養 |
| 天機 太陰 權<br>大耗 兄弟 臨官 | 天府 火星 天空<br>病符 夫妻／身宮 冠帶 | 太陽 地空<br>喜神 子女 沐浴 | 武曲 破軍 文昌 天魁 科<br>飛廉 財帛 長生 |

命坐紫微，武曲朝垣。文昌文曲加會，天魁天鉞酉亥宮拱照，紫微得文曲扶佐，主掌兵權。

## 都督命

| | | | |
|---|---|---|---|
| 天同 天刑 天虛<br>子女 臨官 伏兵 | 武曲 天府 文曲 截空<br>夫妻 冠帶 大耗 | 太陽 太陰(忌) 天哭<br>兄弟 沐浴 病符 | 貪狼 文昌 天鉞 天馬<br>命宮 長生 喜神 |
| 破軍 擎羊<br>財帛 帝旺 官符 | 陰男<br>乙亥年九月十八日寅時生 | | 天機(祿) 巨門 地空<br>父母 養 飛廉 |
| 祿存 龍池 天使<br>疾厄 衰 博士 | 水二局 | | 紫微(科) 天相<br>福德 胎 奏書 |
| 廉貞 右弼 陀羅<br>遷移 病 力士 | 地劫 天傷<br>奴僕 死 青龍 | 七殺 左輔 天魁 鈴星 天空<br>官祿/身宮 墓 小耗 | 天梁(權) 火星 鳳閣<br>田宅 絕 將軍 |

殺破貪狼俱無惡，廟而不陷掌三軍。況左右魁鉞守照，文昌同垣，鈴羊會照，威權出眾，宜武職崢嶸。

## 胡總制命

| | | | |
|---|---|---|---|
| 天府(科) 天鉞 天刑<br>子女 絕 飛廉 | 天同 太陰 文曲<br>夫妻 胎 喜神 | 武曲(忌) 貪狼<br>兄弟 養 病符 | 太陽 巨門 文昌 天馬<br>命宮 長生 大耗 |
| 火星<br>財帛 墓 奏書 | 陽男<br>壬申年九月二十六日寅時生 | | 天相 天空 地空<br>父母 沐浴 伏兵 |
| 廉貞 破軍 天魁 截空 天使<br>疾厄 死 將軍 | 土五局 | | 天機 天梁(祿) 陀羅 天哭<br>福德 冠帶 官符 |
| 右弼 鳳閣 天虛<br>遷移 病 小耗 | 地劫 天傷<br>奴僕 衰 青龍 | 左輔 擎羊 鈴星 龍池<br>官祿/身宮 帝旺 力士 | 紫微(權) 七殺 祿存<br>田宅 臨官 博士 |

巨日同宮，官封三代。太陽入命逢輔弼拱照，鈴羊火羊均成格，龍池鳳閣亦入命，其富貴必矣，宜武職崢嶸。

## 進士之命

| | | | |
|---|---|---|---|
| 天梁 陀羅 天虛<br>遷移/身宮<br>力士 長生 | 七殺 祿存 天使<br>疾厄<br>博士 養 | 文昌 文曲 擎羊 天哭<br>財帛<br>官符 胎 | 廉貞 地空 天馬<br>子女<br>伏兵 絕 |
| 紫微 天相 左輔 天傷<br>奴僕<br>青龍 沐浴 | 陰男<br>丁亥年正月二十一日卯時生 | 金四局 | 天鉞 天刑<br>夫妻<br>大耗 墓 |
| 天機科 巨門忌 龍池<br>官祿<br>小耗 冠帶 | | | 破軍 右弼<br>兄弟<br>病符 死 |
| 貪狼 地劫 截空<br>田宅<br>將軍 臨官 | 太陽 太陰祿 鈴星<br>福德<br>奏書 帝旺 | 武曲 天府 火星 天空<br>父母<br>飛廉 衰 | 天同權 天魁 鳳閣<br>命宮<br>喜神 病 |

科權拱照，昌曲暗拱，天魁坐命，當為科甲之士。但中年限行絕地，未得遂志。至五十四歲後方利達。

## 舉人之命

| | | | |
|---|---|---|---|
| 廉貞 貪狼 天馬<br>官祿<br>大耗 臨官 | 巨門 天刑 龍池 天傷<br>奴僕<br>伏兵 帝旺 | 天相 天鉞 陀羅 截空<br>遷移<br>官符 衰 | 天同忌 天梁 祿存 鳳閣 天虛 天使<br>疾厄<br>博士 病 |
| 太陰科 天哭<br>田宅<br>病符 冠帶 | 陽男<br>庚寅年十月初五日戌時生 | 火六局 | 武曲權 七殺 擎羊 地劫<br>財帛/身宮<br>力士 死 |
| 天府 天空<br>福德<br>喜神 沐浴 | | | 太陽祿<br>子女<br>青龍 墓 |
| 文曲<br>父母<br>飛廉 長生 | 紫微 破軍 左輔 右弼 天魁 鈴星 地空<br>命宮<br>奏書 養 | 天機 文昌<br>兄弟<br>將軍 胎 | 火星<br>夫妻<br>小耗 絕 |

君臣慶會，左右同宮，昌曲夾命，揆鉞拱命之格，當為大貴。但逢空劫拱照，雖美不足，故至三十六歲後，大限入辰，陽梁昌祿會合，方能發達。

## 進士之命

| | | | |
|---|---|---|---|
| 祿存<br>田宅 病 博士 | 天機權 擎羊<br>官祿 死 力士 | 紫微 破軍 天傷<br>奴僕 墓 青龍 | 天刑<br>遷移 絕 小耗 |
| 太陽 陀羅 截空<br>福德 衰 官符 | 丙申年十二月初十日亥時生<br>陽男<br>木三局 | | 天府 天鉞 鈴星 天空 天使<br>疾厄 胎 將軍 |
| 武曲 七殺 文曲 左輔<br>父母 帝旺 伏兵 | | | 太陰 地劫 天哭<br>財帛 養 奏書 |
| 天同祿 天梁 鳳閣 天虛<br>命宮 臨官 大耗 | 天相 火星<br>兄弟 冠帶 病符 | 巨門 地空 龍池<br>夫妻／身宮 沐浴 喜神 | 廉貞忌 貪狼 文昌科 右弼 天魁 天馬<br>子女 長生 飛廉 |

寅申最喜同梁會，又祿權守照，其貴必矣。三十歲大限入辰，太陽正坐。小限入卯，昌曲魁鉞拱照，是以高中，官至四品上。

## 納粟之命

| | | | |
|---|---|---|---|
| 文昌<br>父母 病 小耗 | 天機 地空<br>福德 死 將軍 | 紫微 破軍權 天鉞 火星<br>田宅 墓 奏書 | 截空<br>官祿 絕 飛廉 |
| 太陽忌 地劫 天刑<br>命宮 衰 青龍 | 甲申年八月十八日巳時生<br>陽男<br>木三局 | | 天府 文曲 天空 天傷<br>奴僕 胎 喜神 |
| 武曲科 七殺 右弼 擎羊 鈴星<br>兄弟 帝旺 力士 | | | 太陰 天哭<br>遷移 養 病符 |
| 天同 天梁 祿存 鳳閣 天虛<br>夫妻／身宮 臨官 博士 | 天相 天魁 陀羅<br>子女 冠帶 官符 | 巨門 龍池<br>財帛 沐浴 伏兵 | 廉貞祿 貪狼 左輔 天馬 天使<br>疾厄 長生 大耗 |

太陽坐命，太陰拱照，為日月爭耀，富貴全美。但化忌地劫入命垣。故不能大貴，而得大富。止於納粟縣佐之位而已。

## 廩生之命

| | | | |
|---|---|---|---|
| 命宮/身宮<br>小耗 病 | 天機<br>父母<br>將軍 死 | 紫微 破軍權 左輔 右弼 天鉞 天空<br>福德<br>奏書 墓 | 截空<br>田宅<br>飛廉 絕 |
| 太陽忌 文曲 鳳閣<br>兄弟<br>青龍 衰 | 陰男<br>甲午年四月二十日子時生<br>木三局 | | 天府<br>官祿<br>喜神 胎 |
| 武曲科 七殺 擎羊 鈴星<br>夫妻<br>力士 帝旺 | | | 太陰 文昌 龍池 天傷<br>奴僕<br>病符 養 |
| 天同 天梁 祿存<br>子女<br>博士 臨官 | 天相 天魁 陀羅 火星<br>財帛<br>官符 冠帶 | 巨門 天刑 天哭 天虛 天使<br>疾厄<br>伏兵 沐浴 | 廉貞祿 貪狼 地空 地劫 天馬<br>遷移<br>大耗 長生 |

此命身皆無正曜，多主庶母所生。得府相朝垣，廉祿拱沖。福德宮吉集，故有受朝廷作養。但壽終不得長。因劫空沖命，文昌陷於天傷故也。

## 富商之命

| | | | |
|---|---|---|---|
| 天同 天鉞 天使<br>疾厄<br>飛廉 長生 | 武曲忌 天府科 文曲<br>財帛<br>喜神 沐浴 | 太陽 太陰 天刑<br>子女<br>病符 冠帶 | 貪狼 文昌<br>夫妻<br>大耗 臨官 |
| 破軍 火星<br>遷移<br>奏書 養 | 陽男<br>壬申年十一月二十六日寅時生<br>金四局 | | 天機 巨門 天空 地空<br>兄弟<br>伏兵 帝旺 |
| 天魁 截空 天傷<br>奴僕<br>將軍 胎 | | | 紫微權 天相 陀羅 天哭<br>命宮<br>官符 衰 |
| 廉貞 左輔 天馬 鳳閣 天虛<br>官祿/身宮<br>小耗 絕 | 地劫<br>田宅<br>青龍 墓 | 七殺 右弼 擎羊 鈴星 龍池<br>福德<br>力士 死 | 天梁祿 祿存<br>父母<br>博士 病 |

此科權迭併入命，但嫌陀羅破局，是故不貴。天府武曲喜居財帛，且逢輔弼，其富必矣。但破軍居遷移，不免勞力耳。

## 秀才之命

| | | | |
|---|---|---|---|
| 天機 天刑<br>子女<br>大耗 絕 | 紫微 文曲<br>夫妻<br>伏兵 胎 | 天鉞 陀羅 截空<br>兄弟<br>官符 養 | 破軍 文昌 祿存 天馬<br>命宮<br>博士 長生 |
| 七殺 火星<br>財帛<br>病符 墓 | 陽男<br>庚申年九月初十日寅時生<br>水二局 | | 擎羊 天空 地空<br>父母<br>力士 沐浴 |
| 太陽 祿 天梁 天使<br>疾厄<br>喜神 死 | | | 廉貞 天府 天哭<br>福德<br>青龍 冠帶 |
| 武曲 權 天相 右弼 鳳閣 天虛<br>遷移<br>飛廉 病 | 天同 忌 巨門 天魁 地劫 天傷<br>奴僕<br>奏書 衰 | 貪狼 左輔 鈴星 龍池<br>官祿／身宮<br>將軍 帝旺 | 太陰 科<br>田宅<br>小耗 臨官 |

此破軍守命，最喜祿存而解其狂。主人文武雙全，三十以上宜食廩出貢。乃致富大材耳。若非火星沖照，羊陀夾命，則又當大貴矣。

## 孤殀之命

| | | | |
|---|---|---|---|
| 文曲 祿存<br>遷移<br>博士 病 | 天機 權 擎羊 天使<br>疾厄<br>力士 死 | 紫微 破軍 天空 天刑<br>財帛<br>青龍 墓 | 子女<br>小耗 絕 |
| 太陽 鈴星 陀羅 天傷 截空<br>奴僕<br>官符 衰 | 陽男<br>丙午年十一月十八日丑時生<br>甲戌年二十九歲故<br>木三局 | | 天府 科 文昌 天鉞<br>夫妻<br>將軍 胎 |
| 武曲 七殺<br>官祿<br>伏兵 帝旺 | | | 太陰 地空<br>兄弟<br>奏書 養 |
| 天同 祿 天梁 左輔 火星 天馬<br>田宅<br>大耗 臨官 | 天相<br>福德／身宮<br>病符 冠帶 | 巨門 右弼 地劫 天哭 天虛<br>父母<br>喜神 沐浴 | 廉貞 忌 貪狼 天魁<br>命宮<br>飛廉 長生 |

此命貪狼廉貞俱陷，又逢化忌，雖有天魁坐長生，亦無用也。二十九歲小限入申為絕地，太歲又在地網，又逢羊陀傷使與雙空，故得狂邪之疾亡。

## 小兒夭命

| | | | |
|---|---|---|---|
| 廉貞 貪狼(權) 文昌 陀羅<br>父母 病 力士 | 巨門 地空 祿存<br>福德 衰 博士 | 天相 擎羊 龍池 鳳閣<br>田宅 帝旺 官符 | 天同 天梁(科) 天鉞<br>官祿 臨官 伏兵 |
| 太陰 天空 地劫 天刑<br>命宮 死 青龍 | 己卯八月初二日巳時生<br>陰男<br>辛巳年三歲二月十九故 | 木三局 | 武曲(祿) 七殺 文曲(忌) 天虛 天傷<br>奴僕 冠帶 大耗 |
| 天府 右弼 鈴星 天哭<br>兄弟 墓 小耗 | | | 太陽<br>遷移 沐浴 病符 |
| 火星<br>夫妻／身宮 絕 將軍 | 紫微 破軍<br>子女 胎 奏書 | 天機 天魁<br>財帛 養 飛廉 | 左輔 天馬 天使<br>疾厄 長生 喜神 |

此命日月反背，太陰守命落陷。又臨天刑天空地劫之地，其難養必矣。三歲行童限在疾厄，逢天使天哭羊陀會照，故損壽。

## 小兒夭命

| | | | |
|---|---|---|---|
| 天府(科) 文曲 天鉞<br>遷移 長生 飛廉 | 天同 太陰 天使<br>疾厄 沐浴 喜神 | 武曲(忌) 貪狼 天刑<br>財帛 冠帶 病符 | 太陽 巨門<br>子女 臨官 大耗 |
| 天傷<br>奴僕 養 奏書 | 壬申年十一月初一日丑時生<br>陽男 | 金四局 | 天相 文昌 天空<br>夫妻 帝旺 伏兵 |
| 廉貞 破軍 天魁 火星 截空<br>官祿 胎 將軍 | | | 天機 天梁(祿) 陀羅 地空 天哭<br>兄弟 衰 官符 |
| 左輔 天馬 鳳閣 天虛<br>田宅 絕 小耗 | 福德／身宮 墓 青龍 | 右弼 擎羊 地劫 龍池<br>父母 死 力士 | 紫微(權) 七殺 鈴星 祿存<br>命宮 病 博士 |

本宮紫祿守命垣，本宜易養。但夾空夾劫，夾羊夾陀，若非夭即主卑賤，雖紫祿何力？故夭於九歲。

## 貂蟬之命

| | | | |
|---|---|---|---|
| 太陰 天鉞 鈴星<br>臨官<br>**夫妻**<br>飛廉 | 貪狼 文曲<br>冠帶<br>**兄弟**<br>奏書 | 天同 巨門<br>沐浴<br>**命宮**<br>將軍 | 武曲 天相 文昌 天哭<br>忌<br>長生<br>**父母**<br>小耗 |
| 廉貞 天府 天刑 天虛<br>科<br>帝旺<br>**子女**<br>喜神 | 陽女<br>壬戌年八月二十三日寅時生<br>己丑年二十八歲八月初五故 | | 太陽 天梁 地空<br>祿<br>養<br>**福德**<br>青龍 |
| 右弼 天魁 火星 截空<br>衰<br>**財帛**<br>病符 | 水二局 | | 七殺 陀羅<br>胎<br>**田宅**<br>力士 |
| 破軍 龍池 天使<br>病<br>**疾厄**<br>大耗 | 地劫<br>死<br>**遷移**<br>伏兵 | 紫微 擎羊 鳳閣 天傷<br>權<br>墓<br>**奴僕**<br>官符 | 天機 左輔 天空 祿存 天馬<br>絕<br>**官祿/身宮**<br>博士 |

雖有左右加會，巨門天同俱不得地。夫宮空劫雙祿馬，多配貴夫，但緣淺難久。刑傷哭虛羊陀入子女，又逢火鈴夾，子息全無。二十八歲大限入巳，逢空劫，小限太歲入傷使夾地，亦會劫空。故亡。

## 呂太后命

| | | | |
|---|---|---|---|
| 天同 鈴星<br>絕<br>**田宅**<br>大耗 | 武曲 天府 文曲 左輔<br>科<br>墓<br>**官祿/身宮**<br>病符 | 太陽 太陰 天鉞 天傷<br>忌<br>死<br>**奴僕**<br>喜神 | 貪狼 文昌 右弼 截空 天虛<br>病<br>**遷移**<br>飛廉 |
| 破軍 天哭<br>權<br>胎<br>**福德**<br>伏兵 | 陽女<br>甲寅年三月初七日寅時生<br>辛酉年六十八歲九月初一故 | | 天機 巨門 地空 天使<br>衰<br>**疾厄**<br>奏書 |
| 擎羊 火星 天空<br>養<br>**父母**<br>官符 | 火六局 | | 紫微 天相<br>帝旺<br>**財帛**<br>將軍 |
| 廉貞 祿存 天馬<br>祿<br>長生<br>**命宮**<br>博士 | 天魁 陀羅 地劫<br>沐浴<br>**兄弟**<br>力士 | 七殺<br>冠帶<br>**夫妻**<br>青龍 | 天梁 天刑<br>臨官<br>**子女**<br>小耗 |

雙祿守垣，左右昌曲加會。經曰：呂后專權，二重天祿天馬。七殺夫宮主剋夫。六十八歲大限入申，為傷使夾地，小限入酉，天使之地，羊陀空劫火鈴湊合，是為凶也。故壽終。

## 孔明之命

| | | | |
|---|---|---|---|
| 天機 截空<br>長生 夫妻 將軍 | 紫微 天魁<br>養 兄弟 小耗 | 左輔 右弼<br>胎 命宮 青龍 | 破軍 陀羅 鈴星<br>絕 父母 力士 |
| 七殺<br>沐浴 子女 奏書 | 辛酉年四月初十日戌時生<br>陰男<br>甲寅年五十四歲八月二十五故<br>金四局 | | 地劫 祿存 天哭<br>墓 福德 博士 |
| 太陽 天梁 天虛<br>權<br>冠帶 財帛／身宮 飛廉 | | | 廉貞 天府 擎羊 天空<br>死 田宅 官符 |
| 武曲 天相 文曲 天鉞 天使<br>科<br>臨官 疾厄 喜神 | 天同 巨門 火星 地空<br>祿<br>帝旺 遷移 病符 | 貪狼 文昌 天刑 天傷<br>忌<br>衰 奴僕 大耗 | 太陰 天馬<br>病 官祿 伏兵 |

左右同宮，日卯月酉並明，為明珠兩照，一生多才多能。五十四歲大限入寅天使之地，逢天空羊陀，太歲羊陀迭併，故壽終。

## 林御史命

| | | | |
|---|---|---|---|
| 太陽<br>忌<br>長生 子女 小耗 | 破軍 右弼 天哭 天虛<br>權<br>沐浴 夫妻 將軍 | 天機 天鉞<br>冠帶 兄弟 奏書 | 紫微 天府 左輔 鈴星 截空<br>天馬<br>臨官 命宮 飛廉 |
| 武曲 龍池<br>科<br>養 財帛／身宮 青龍 | 甲子年五月二十八日戌時生<br>陽男<br>甲寅年五十一歲三月初五故<br>金四局 | | 太陰 地劫<br>帝旺 父母 喜神 |
| 天同 擎羊 天使<br>胎 疾厄 力士 | | | 貪狼 鳳閣<br>衰 福德 病符 |
| 七殺 文曲 祿存<br>絕 遷移 博士 | 天梁 天魁 陀羅 天空 地空<br>天傷 天刑<br>墓 奴僕 病符 | 廉貞 天相 文昌 火星<br>祿<br>死 官祿 伏兵 | 巨門<br>病 田宅 大耗 |

紫府同宮，科祿加會，昌曲俱拱，為合格局。又云：左輔文昌，尊居八座。五十一歲大小限均在子，逢哭虛火鈴截空會照，太歲亦逢哭虛，故損壽。

## 齊味道命

| | | | |
|---|---|---|---|
| 陀羅<br>長生<br>田宅<br>力士 | 天機 科<br>文曲<br>左輔<br>祿存<br>養<br>官祿／身宮<br>博士 | 紫微<br>破軍<br>擎羊<br>天傷<br>胎<br>奴僕<br>官符 | 文昌<br>右弼<br>天空<br>絕<br>遷移<br>伏兵 |
| 太陽<br>沐浴<br>福德<br>青龍 | 丁未年三月二十四日寅時生<br>陰男<br>己亥年五十三歲三月初七故 | 金四局 | 天府<br>天鉞<br>地空<br>天使<br>墓<br>疾厄<br>大耗 |
| 武曲<br>七殺<br>鳳閣<br>冠帶<br>父母<br>小耗 | | | 太陰 祿<br>死<br>財帛<br>病符 |
| 天同 權<br>天梁<br>天馬<br>截空<br>臨官<br>命宮<br>將軍 | 天相<br>地劫<br>天虛<br>帝旺<br>兄弟<br>奏書 | 巨門 忌<br>鈴星<br>衰<br>夫妻<br>飛廉 | 廉貞<br>貪狼<br>天魁<br>火星<br>天刑<br>龍池<br>天哭<br>病<br>子女<br>喜神 |

秘經云：科祿權拱來相會，左右扶持福不輕。昌曲加會，富貴之論。命垣得同梁，得純陽中正之心。五十三歲大限入地網，小限在巳，陀羅逢哭虛天使，太歲天哭逢羊陀天傷，故凶。

## 安祿山命

| | | | |
|---|---|---|---|
| 天梁 科<br>陀羅<br>病<br>父母<br>力士 | 七殺<br>祿存<br>衰<br>福德<br>博士 | 擎羊<br>火星<br>帝旺<br>田宅<br>官符 | 廉貞<br>天鉞<br>鈴星<br>天空<br>天馬<br>臨官<br>官祿<br>伏兵 |
| 紫微<br>天相<br>左輔<br>死<br>命宮<br>青龍 | 丁酉年三十九歲正月十九故<br>陰男<br>木三局 | 己未年正月初九日戌時生 | 地劫<br>天傷<br>天刑<br>截空<br>冠帶<br>奴僕<br>大耗 |
| 天機<br>巨門<br>鳳閣<br>墓<br>兄弟<br>小耗 | | | 破軍<br>右弼<br>沐浴<br>遷移<br>病符 |
| 貪狼 權<br>文曲 忌<br>絕<br>夫妻<br>將軍 | 太陽<br>太陰<br>地空<br>天虛<br>胎<br>子女<br>奏書 | 武曲 祿<br>天府<br>文昌<br>天魁<br>養<br>財帛／身宮<br>飛廉 | 天同<br>龍池<br>天哭<br>天使<br>長生<br>疾厄<br>喜神 |

紫府加會化祿，左右拱照，無不富貴。只嫌紫破居於辰戌位，主為臣不忠。三十九歲大限入丑，羊陀空劫天傷天虛拱照，小限入卯，傷使擎羊拱照，太歲陀羅空劫天傷天虛會合，故壽終。

國家圖書館出版品預行編目資料

初學紫微斗數先看這一本：跟著希夷先生學紫微斗數／了然山人著.
－－第一版－－臺北市：知青頻道出版；
紅螞蟻圖書發行，2023.02
面　；　公分－－(Easy Quick；196)
ISBN 978-986-488-240-3（平裝）
1. CST：紫微斗數
293.11　　111022118

Easy Quick 196
初學紫微斗數先看這一本：跟著希夷先生學紫微斗數
作　　者／了然山人
發 行 人／賴秀珍
總 編 輯／何南輝
校　　對／周英嬌、了然山人
美術構成／沙海潛行
封面設計／引子設計
出　　版／知青頻道出版有限公司
發　　行／紅螞蟻圖書有限公司
地　　址／台北市內湖區舊宗路二段121巷19號（紅螞蟻資訊大樓）
網　　站／www.e-redant.com
郵撥帳號／1604621-1　紅螞蟻圖書有限公司
電　　話／(02)2795-3656（代表號）
傳　　真／(02)2795-4100
登 記 證／局版北市業字第796號
法律顧問／許晏賓律師
印 刷 廠／卡樂彩色製版印刷有限公司
出版日期／2023年2月　第一版第一刷

定價 320 元　港幣 107 元

ISBN 978-986-488-240-3　　Printed in Taiwan